知的生きかた文庫

ビジネス会食の技術

戸賀敬城

三笠書房

「何かを成し遂げるために面倒なことなど何もない」

ナポレオン・ヒル

「仕事のために酒を飲む」なんて古い人間がやることだ。仕事は結果で評価されるべきだ——。

そういう考え方が現在の風潮かもしれません。

その通り。

企画の内容や普段の仕事ぶりは大事です。

「中身のない仕事」では、評価されるような結果は出せません。

これは断言できます。

しかし、
今も昔も変わらず
「結果を出す人」が実践している
ビジネスの原則があります。

それは、相手から"YES"を引き出すために、飲み会やランチなど会食を最大限に活用すること。

昭和の「飲みニケーション」と、「結果を出す人の飲み会」はまったく異なります。

前者は馴れ合い、後者はコストと時間をかけた勝負の場。

そう、結果を出す人は、"戦略的"に酒を飲んでいるのです。

はじめに

私は2007年から10年間、『MEN'S CLUB』(ハースト婦人画報社)という男性ファッション誌の編集長を務めていました。

雑誌不況のなか、編集長に就任してから同誌の改革に取り組み、そのポジションを退くまでに売上を倍増させ、右肩上がりの成長を実現することができました。

そんな私にとって、雑誌の誌面をつくることと同じくらい重要な仕事がありました。夜の飲み会と昼のランチタイムを最大限に活用することです。

当時の私の、とある1週間の昼・夜のスケジュールを見てみると、おおむね次のようになります。

【月曜日】　夜‥クライアントAと飲み会
【火曜日】　昼‥編集部メンバーとランチ　夜‥クライアントBと飲み会
【水曜日】　夜‥クライアントC主催のパーティに出席
【木曜日】　夜‥広告代理店の営業担当と一緒にクライアントDと飲み会
【金曜日】　昼‥クライアントEとランチ　夜‥編集部メンバー全員と打ち上げ
【土曜日】　昼‥クライアントFとゴルフ&ランチ　夜‥クライアントGと飲み会
【日曜日】　昼・夜‥ともに妻の手料理

自宅で食事をとるとき以外、ほぼ毎日、仕事に関連した会食をスケジュールに組み込んでいました。

1年間365日のうち最大364日は仕事がらみの会食をしていたと言っても過言ではありません（妻の誕生日だけは、なんとか予定を空けるようにしていました）。

そして、独立した現在も当時と同じように、平日は毎日、会食をしています。

なぜ、そんなに会食の予定を入れているのか。

それは、会食が仕事の結果を大きく左右するからです。

雑誌の編集長は、魅力的な誌面をつくって読者を増やすことと同じくらい重要な役割があります。

それは、広告収入を増やすこと。おもにファッション業界のブランドや企業にクライアント（広告主）になっていただき、広告を出稿してもらうのです。

もちろん、社内には営業部や広告部もあって、それぞれの担当者が広告を集めるために奔走してくれていましたが、タイアップ広告（記事として商品を取り上げる広告）やクライアントと一緒に組んで行う読者イベントなどでは、必然的に編集部と連携をとる必要があります。

また、編集長は雑誌の〝顔〟です。「戸賀がやっている雑誌だから、広告を出稿しよう」と思ってもらえる関係をクライアントと築いておくことも必要になります。

つまり、クライアントにできるだけ多くのお金を出してもらうことは、編集長に

課された重要なミッションなのです。

現在、私は『J PRIME』(大丸松坂屋百貨店／J・フロント リテイリング)というウェブメディアの編集長を務めています。

さらに、いくつかのブランドディレクションやコンサルティング等を行っていますが、会食によって、どの仕事も成功に導くことができていると実感しています。

みなさんの仕事でもそうであるように、仕事はあくまで、中身の質が重要です。

「どれだけ魅力的な商品・サービスか」「お客様にとってお金を出す価値があるものを提供できるか」が問われます。

メディアの仕事も、コンサルティングの仕事も、どれだけ読者・クライアントを満足させる企画を提案できるか、そしてクライアントにお金を出したいと思ってもらえるかにかかっています。そのための努力を怠ることは許されません。

しかし、仕事の中身がどんなに優れていても、望むような結果が出ないこともあ

るのが現実です。プレゼンの場でお客様に企画を評価されても契約に至らないこともありますし、コミュニケーション不足によるボタンのかけ違いで、相手の信頼を得られないこともあります。「企画には自信があったのに……」と悔しい思いをした経験を持つ人は少なくないでしょう。

残念ながら、仕事の中身だけでは、勝負にならないこともあるのです。

しかし、勝率を高める方法はあります。

それが、飲み会などを通じた会食の場なのです。

具体的なことはあとで説明していきますが、会食は、相手から〝YES〟を引き出す（お金をいただく）ためのひと押しとして必要なものだと信じています。だからこそ、私はあえて〝戦略的〟に、会食を重ねているのです。

昨今は、「飲み会で仕事をとるなんて古いやり方だ」と思っている人も多いかもしれません。仕事の中身で勝負すべきだ、と。

しかし、それは少し違うのではないかと私は考えています。

仕事柄、優秀なビジネスパーソンとお付き合いする機会が多いのですが、結果を出す人ほど仕事の質以外の部分、つまり、会食などを通じたコミュニケーションの場を戦略的に活用しています。

ワイワイガヤガヤと飲み会をやって、「盛り上がってよかったね」と満足するのではなく、結果を出すためのプレゼンの場という前提で臨んでいるのです。

会食は、仕事の成果を出す絶好のチャンスです。

会食を積極的に活用することによって、結果は必ず変わってきます。

本書では、『MEN'S CLUB』編集長時代から現在までのすべての会食の経験を基に導き出したテクニックの数々を紹介します。本書がきっかけとなり、みなさんの仕事の成果が伸びることになれば、著者としてこれほどうれしいことはありません。

戸賀敬城

Contents

はじめに ... 10

Chapter 1

「飲み会」を制する者がビジネスを制す!

[意義・本質]

- **01** 時間と食事のコストを必ず回収せよ ... 24
- **02** 「透明感のある80%」を目指せ ... 28
- **03** 「こいつ、なんかいいな」と思わせれば勝ち ... 32
- **04** 飲み会で相手の「モノサシ」を測れ! ... 36
- **05** 企画書の空白は飲み会で埋めろ! ... 40
- **06** 飲み会ではスパイになれ! ... 42
- **07** 「100枚の名刺」よりも「1回の飲み会」 ... 44
- *Column 1* お金にならない飲み会はない! ... 47

Chapter 2

[トーク術]

何を話し、何を話してはいけないのか？

- 08 飲み会という「舞台」を演出せよ！ ……… 52
- 09 会話の「台本」を準備せよ！ ……… 54
- 10 「脇役」が活躍する舞台ほど傑作になる ……… 58
- 11 「登場人物」の背景を探れ！ ……… 60
- 12 15分前に「リハーサル」をせよ！ ……… 64
- 13 乾杯では「思い出トーク」をせよ！ ……… 66
- 14 話題は相手のSNSから拾え！ ……… 68
- 15 いい話は「メモっていいですか？」 ……… 72
- 16 下ネタを「お口直し」に使え！ ……… 74
- 17 あえて競合の成功例を語れ！ ……… 78
- 18 6人まではひとつの話題で盛り上がれ！ ……… 80

Chapter 3

[マナー・おもてなし]

結果を出す人だけがやっている気くばり

21 シャンパンはおかわりするな! ……… 92

22 相手の「自宅沿線の店」を選ぶ ……… 96

23 店の名物を頭に叩き込め! ……… 100

24 相手の誕生日は必ずチェック! ……… 102

25 「無礼講は存在しない」と心得よ! ……… 104

26 「上座が正義」とは限らない ……… 106

27 大皿料理は店に取り分けてもらえ! ……… 108

19 店を選んだ「ストーリー」を語れ! ……… 82

20 メニューは店員よりも把握せよ! ……… 84

Column 2 立食パーティはパフォーマンスが低い! ……… 87

Chapter 4

[クロージング]

仕事の結果は飲み会の「終わり方」で決まる！

32 飲み会の席で「サイン」はもらうな！ 122

33 クロージングは「1週間以内」に！ 124

34 本当の〆(しめ)はスイーツでもお茶漬けでもない 126

35 盛り上がらなくても2次会には誘え！ 128

36 脈がないときはデザートを早めに出せ！ 130

28 ご馳走になるなら「手ぶら」はあり得ない 110

29 外国人は「母国語のあいさつ＋α」でもてなせ！ 114

30 ポケットにカードを忍ばせろ！ 116

31 カラオケは「ウマい」より「ウケる」！ 118

Chapter 5

「店選び」で人との距離をコントロールせよ!

[事前準備]

41 仕事のセンスは店選びでわかる! … 146
42 究極の店選びは「常連」になってもらうこと … 148
43 高級店を予約して満足するな! … 150
44 ビジネスも飲み会も「現場」を熟知せよ! … 154
45 行きつけは「最低5軒」つくれ! … 158

37 お礼メールは飲み会の前に書いておけ! … 132
38 お礼メールの文面は一人ひとり変えて送れ! … 136
39 「翌日のホールケーキ」は効果絶大! … 140
40 ご馳走になるときこそ「上司に報告」 … 142

Chapter 6

〖社内編〗「社内飲み」にこそ戦略を持て！

46 「ジャンル＋店名＋場所」でスマホに登録せよ！ ………… 160

47 5回に1回は「煙（けむ）い店」を選べ！ ………… 162

48 同じ店には二度と連れていくな！ ………… 164

49 飲み会が苦手な人には「ランチ接待」 ………… 166

50 イタリア人には、あえてのイタリアン ………… 168

51 2次会はフルーツカクテルのある店を選べ！ ………… 172

Column 3 なんだかんだ言って、箸で食べる店が落ち着く ………… 175

52 結果を出すために上司を飲みに誘え！ ………… 178

53 忙しい上司は「ランチ」に誘え！ ………… 182

54 「おバカな会話」が仕事の効率を高める ………… 186

Chapter 7

[番外編]
「ゴルフ」「ジム」をビジネスチャンスに変えろ！

- 57 結果を出す人は「ゴルフ」をする ……… 200
- 58 「ゴルフ」は飲み会よりコスパが高い！ ……… 202
- 59 ゴルフのスタイル＝仕事のスタイル ……… 206
- 60 「ジム」で裸の付き合いをせよ！ ……… 210

おわりに ……… 212

- 55 社内飲みの5％は真面目モード ……… 190
- 56 社内飲みこそ遅刻厳禁！ ……… 192
- *Column 4* 社内飲みを「アメ」として活用せよ！ ……… 195

編集協力／池田保行　本文DTP／株式会社 Sun Fuerza

Chapter 1

[意義・本質]

「飲み会」を制する者がビジネスを制す！

Rule 01

時間と食事のコストを必ず回収せよ

会食の本質

今日の飲み会は楽しかった——。

会食後に、こんな感想を漏らしているようであれば、きっと仕事で結果を出すことはできないでしょう。

昭和のバブル時代までは、仕事の関係者とワイワイ盛り上がっているだけでも、仕事がどんどん入ってくる時代でした。

しかし、今は違います。

会社もバブル時代のような余裕はありません。限られた少ない予算の中で、大きな成果を出すことが、社員に求められています。

飲み会に費やす時間や食事代も「コスト」ととらえ、費用対効果を重視しなければなりません。「ああ、楽しかった」「おいしかった」だけでは、飲み会として失敗なのです。

ところが現実には、「楽しく飲めば仕事がもらえる」と思っている人が、いまだにたくさんいるように感じます。特に営業の仕事をしている人は、そのようなスタ

会食の本質

会話の台本　極秘気くばり　終わり方　店選び　社内飲み　ゴルフ＆ジム

イルが身についているのでしょう。

私も職業柄、飲み会に誘われることが多いのですが、なかには、それほど仕事の関わりがないにもかかわらず、「とりあえず飲みましょう」といった感覚で誘ってくる人も少なくありません。実際にその飲み会に行ってみると、最初から最後まで仕事の話は出ない。

おそらく相手は、「戸賀と飲んでおけば仕事につながる」という感覚なのだと思いますが、「一緒に飲んだから仕事をしよう」というのは、あまりに非生産的です。これもまた昭和の飲み方と言わざるを得ません。もちろん、何度も仕事で結果を出している相手であれば、たまには仕事の話抜きでひたすら飲むといったリフレッシュは大切です。

そうでないのなら、飲み会を開催するからには、明確な仕事の目的があるべきです。「プレゼンで企画を通したい」「情報を得たい」など、目的はさまざまでしょうが、飲み会の席で、「一度も具体的な仕事の話が出ない」というのは、あってはならない事態です。

もちろん、飲み会の席でずっと仕事の話ばかりしてしまうと、相手にプレッシャーを与えることになるので、仕事以外の会話で楽しく盛り上げなければなりません。

しかし、どんなにくだけた飲み会の中でも、必ずいくらか仕事の話をして、今後につなげることが必要不可欠。つまり、戦略のない飲み会はムダなのです。

■ 飲み会は「お金の関係」で成り立っている

そもそもビジネスにおける飲み会は、「お金の関係」がベースにあります。

私は編集長で、それなりに権限があるので、さまざまな人が飲み会の場で時間をともに過ごしてくれます。もし私が編集長を辞めて無職になったら、誰も見向きもしなくなるでしょう。

そういう意味では、やはり飲み会は仕事なのです。仕事である以上、時間と食事のコストは必ず回収しなければなりません。

NG ✕

「楽しかった」だけで終わる飲み会

Rule 02

「透明感のある80％」を目指せ

飲み会をうまくやれば、仕事がすべてうまくいく――。

期待を裏切るようで申し訳ありませんが、そんなわけがありません。バブル時代は、多少そういう側面もあったかもしれませんが、今の時代、飲み会をやっていれば仕事がもらえ、すべてが円滑に進むというのは絵空事です。

それでも私は、「飲み会で仕事の結果は変わる」と断言できます。

現実的なことを言えば、仕事は「中身」です。どれだけ企画や提案、商品が魅力的かでお客様はお金を出してくれます。メディア編集の世界で言えば、クライアントがいかに多くの広告を出稿してくれるか、これに尽きます。

たとえば、あなたが服を買いにお店に行ったとします。店員さんがとてもフレンドリーで、トークも楽しいし、あなたのファッションセンスを褒めてくれる。接客されていると、とても気分がいい。

しかし、その店員さんが個性的なデザインの服を猛烈にプッシュしてきたら、どうでしょう。あなたの好みの服とは、正反対の路線です。しかも、予算の2倍の価格……。どんなに接客がよくても、その服を買おうとは思わないでしょう。

仕事も同じ。どんなに相手がいい人で、たくさん接待してくれても、仕事の中身がダメなら「仕事をお願いしよう」「この人にお金を出そう」とは思わないのです。

■ 仕事の中身80％、飲み会20％

繰り返しますが、仕事の中身は、結果を出すための最低条件です。内容がともなっていなければ、いくら飲み会で奮闘しても望むような結果は得られません。

一方で、こんなことも言えます。

仕事の中身だけよくても、結果がついてくるとは限らない、と。

私のこれまでの経験から言えば、飲み会を含めた仕事の中身以外の部分が結果を左右します。結果の80％は仕事の中身で決まるけれど、20％は飲み会で決まるという感覚です。「たった2割」ですが、この2割が割合以上に結果を左右する重要な役割を占めます。

たとえば、あなたが企画のプレゼンを受けたとします。とても魅力的な内容で、ぜひ採用したいという気持ちに傾いています。もしプレゼンをした人が何度も仕事

をしたことがあって気心が知れている人だったら、即決するかもしれません。

しかし、初めて仕事をする人だったらどうでしょう。

「企画の中身はいいけど、本当にこの人にお願いしてもよいのだろうか」「一緒に仕事を進めていく中で、もしかしたらどこかでボタンのかけ違いが起こったりしないだろうか」という思いが、ふとよぎるかもしれません。

果たしてそれを鵜呑みにしていいのか、グレーの部分が残るはずです。

その不安を払拭するのが「飲み会」を通じたコミュニケーションです。一緒に食事の席をともにすれば、相手の人柄や誠意などが垣間見えます。そこで、相手によい印象を持ってもらえれば、安心して仕事を任せてもらえる可能性が高まります。

飲み会は、グレーに曇っていた80％の仕事の中身を「透明感のある80％」にする大事なプロセスなのです。おいしい刺身もツマやワサビなどがないと引き立たないように、どんなに素晴らしい企画も、20％の飲み会がなければ輝かないのです。

NG 企画の内容だけで勝負する

Rule 03

「こいつ、なんかいいな」と思わせれば勝ち

勘

違いしていただきたくないのは、飲み会は、その場で仕事を獲得するのが目的ではないということです。

私も、クライアントを接待するばかりではなく、メディアに商品を取り上げてもらいたいPR会社などから飲み会の席をセッティングされることがあります。しかし、もし彼らから30分も1時間も仕事の話をされれば、正直うんざりします。「お酒の席くらい楽しく飲もうよ」という気分になるのが普通の感覚ではないでしょうか。結果を出そうと必死になるのはわかりますが、「その場で」「すぐに」なんらかの成果を得ようとするのは逆効果です。お酒の席と昼間の商談の席は分けて考えるのが原則だと私は考えています。

飲み会をする目的のひとつは、自分のプレゼンス（存在感）を上げることです。飲み会をすれば、2〜3時間ほど同じ空間をともに過ごすことになります。それほどの時間をお互いがお酒の入った状態で過ごせば、相手の人柄がわかりますし、反対に自分の人となりも相手に伝わるものです。

会食の本質　会話の台本　極秘気くばり　終わり方　店選び　社内飲み　ゴルフ&ジム

それこそ「よく気が利く人だな」「話題が豊富で魅力的な人だな」ということもわかるわけです。反対に、「気遣いができない」「一緒に話していてもつまらない」というマイナスイメージを与えてしまう可能性もあります。

たとえば、同じ内容の企画書が2つ並んでいたとしたら、「こいつ、なんかいいな」「この人とは楽しく仕事ができそうだな」と思わせる人の企画書を選ぶのが人情ではないでしょうか。場合によっては、企画の内容面で少し足りていない提案であっても、「この人と仕事をしてみたいから、やってみようか」という判断になるかもしれませんし、もし今回は企画が実現しなかったとしても、パイプができて、「次は彼に頼んでみようか」と思ってもらえる可能性もあります。

信頼を得て、相手にとってのプレゼンスを上げることが飲み会の目的のひとつです。

■ お金をかけてもプレゼンスは上がらない

プレゼンスを上げたいからといって、お金をかけて高級店で接待をすればいいとは思いません。

NG 飲み会の席でクロージングまで持ち込もうとする

もちろん、大事な飲み会でチェーン店の居酒屋を選ぶのは言語道断ですが、プライベートでは絶対に来ないような高級店をセッティングしても、浮足立つだけでかえってマイナスに働く可能性もあります。

高級店で食事をすれば、相手に「あの刺身はおいしかった」といった印象を残すことはできるでしょう。経費を出した会社のプレゼンスは上がるかもしれませんが、あなたのプレゼンス向上につながるとは限りません。

あなたのプレゼンスを上げるには、自分の「姿勢」を見せることがいちばんです。言動や気遣い、マナー、話の内容などで好印象を残すことによって、「この人と仕事をしたい」と思ってもらうことができます。

「お金をかければよい」というのは、昭和のバブル時代の考え方。自分の振る舞いしだいで、それほど高級な店でなくても、あなたにとって晴れ舞台になるはずです。

Rule 04

飲み会で相手の「モノサシ」を測れ！

一

緒にビジネスをしていると、相手とのちょっとしたボタンのかけ違いで、仕事がうまくいかないことがあります。

自分の描いていた仕事のイメージと相手の求めていたイメージが異なっていたりすると、お互いに消化不良になってしまうでしょう。

たとえば、雑誌の記事で「上質な靴」をテーマにしたグラビアページをつくるとします。編集部の思い描く「上質」のイメージに合わせて、黒を基調とした誌面デザインにしたところ、クライアントから「上質のイメージは黒ではない。金色にしてほしい」と注文がつく。

同じ「上質」でも、とらえ方はそれぞれ。お互いの基準となる「モノサシ」がズレていると、このようなことが起きます。

しかし、この「モノサシ」がピタリと合致していると、仕事はグンとやりやすくなります。

37　1章　「飲み会」を制する者がビジネスを制す！

会食の本質　会話の台本　極秘気くばり　終わり方　店選び　社内飲み　ゴルフ&ジム

ファッションでたとえれば、私がオーダーメイドで服をつくるときに、「パンツはもうちょっとタイトな感じでお願いします」と頼んだとします。

このとき、私のことをよく理解してくれている店員さんであれば、「もうちょっと」のさじ加減がわかります。「戸賀の『もうちょっと』は、このくらいだな」と絶妙のサイズ感で仕立ててくれます。お互いのモノサシが合っている証拠です。

■「モノサシ」の長さは会議ではわからない

仕事も同じで、一緒に仕事をする相手とモノサシがピッタリ合っていると、お互いに納得のいく仕事になります。

飲み会などの会食は、相手の「モノサシ」を測る絶好の場です。飲み会などモノサシの細かな長短は、会議や打ち合わせの席ではわかりません。飲み会などの席で長い時間をともにすることによって、相手の好みや価値観などを感じ取ることができます。

たとえば、飲み会を通じて相手が豪快な性格であることが垣間見えたとします。

その相手が会議の席で、「この企画はもうちょっと華やかにいきましょうよ」と言ったとき、「もう少し華やか」の程度がどれほどか、なんとなく想像がつきます。

もっと予算を増やして大胆にやっても大丈夫かもしれません。

逆に、飲み会で慎重な性格が垣間見えれば、「もう少し華やか」のニュアンスは前者とは少し異なりますよね。一気に派手なものに変えるよりも、様子を見ながら少しずつ華やかなものを提案していったほうが賢明です。

相手の「仕事のモノサシ」を知り、それに合わせることができれば、相手にも「この人とは一緒に仕事がやりやすい」と思ってもらえます。そのような関係を築くことができれば、おのずと結果も出やすくなるはずです。

× NG
「相手の基準」を知ろうとせず、「自分の基準」で測る

Rule 05

企画書の空白は飲み会で埋めろ！

NG なんでもかんでも企画書ベースで仕事をする

あくまでも仕事は中身が大切。企画書を作成するときも、誤字脱字はNGですし、いかに魅力的に仕上げるかが、ビジネスがうまくいく前提条件です。

しかし、企画書だけでは伝わらないことがあるのも事実。私の仕事で言えば、記事の中でクライアントの商品を掲載するという企画の場合、たとえば、こちらが誌面構成上、商品を4点掲載するつもりでいても、相手は8点載せたいと思っているケースがたまにあります。企画書は契約書ではないので、大まかなことは伝えることはできても、細部まではつめきれないことが出てきます。

お互いにAIではないので、どうしてもボタンのかけ違いが発生し、「言った、言わない」でトラブルになる結果も想定されます。

しかし、飲み会で互いの距離をつめていれば、「こちらは4点のつもりだけど、いい?」「せめて5点にならない?」「5点ならなんとかなるかも」といったやりとりが自然体でできます。飲み会には企画書の空白部分を埋める役割もあるのです。

Rule 06

飲み会ではスパイになれ！

飲み会には、「会議やメールのやりとりなどでは聞けない情報を入手できる」というメリットがあります。

たとえば、私の仕事では、競合メディアよりも先にブランドの最新情報をクライアントから聞き出し、記事にできればライバルに差をつけることができます。

また、あるクライアントのファッションイベントに、超人気俳優をゲストとして招いているという裏情報を聞き出すことができれば、タイアップを提案することもできます。その人気俳優の事務所に正面から取材の依頼をしても、なかなか受けてもらえない場合などは、クライアントと手を組むことによって、はるかに実現の可能性が高くなります。

飲み会で信頼関係を深めれば、酒の力も手伝って相手がそうした情報をポロッと漏らしてくれる可能性が高くなります。メディアの仕事に限らず、情報は宝。ライバルに差をつけて結果を出すためにも、飲み会で情報戦を制する必要があるのです。

NG
会議や打ち合わせの情報がすべてだと決め込む

Rule 07

「100枚の名刺」よりも「1回の飲み会」

会食の本質　会話の台本　極秘気くばり　終わり方　店選び　社内飲み　ゴルフ&ジム

いくらたくさん名刺を持っていても、それは本物の人脈とは言えません。いわゆる「名刺コレクター」が仕事で結果を出すのはむずかしいでしょう。

しかし、現実には、「名刺交換をすればビジネスパートナーだ」とばかりに、相手にビジネスの話を持ちかけてしまう人は少なくないように感じます。

最近では、SNSが普及して気軽にコンタクトがとれるので、面識さえないのに、いきなり「仕事をさせてください」と気軽に言ってくる人もいます。

たしかに、名刺やSNSはビジネスのきっかけをつくるには便利です。仕事の内容やケースによっては、ビジネスの武器になることもあります。

しかし、これから数百万円、数千万円規模の大きな仕事をしようというときに、名刺やSNS上だけの関係性の中ですべてうまくやろうというのは、私の感覚では「なし」です。

やはり、飲み会など会食のステップを踏み、お互いの距離を近づけるのが大原則ではないでしょうか。

ありきたりな言い方かもしれませんが、メールやSNSなどのデジタルツールだ

45　1章　「飲み会」を制する者がビジネスを制す！

会食の本質

けでは、コミュニケーションは深まりません。

デジタルを使いこなすことは大切ですが、アナログにはアナログのよさがあります。

私はジムで汗を流したあとにサウナに入るのですが、そこでたまたま知り合いに会ったりすると、仕事の話からくだらない下ネタまで大いに盛り上がる。まったく知らない人とも話に花が咲くことがあります。

リラックスしながらサウナで会話をしていると、不思議と話の内容が記憶に残ったり、相手に親近感を抱いたりするものです。

まさに裸の付き合いの効果ですが、ビジネスにおいてもアナログ的な裸の付き合いをすることによって、相手との距離感が一気に縮まります。その絶好の機会が飲み会の席なのです。

× NG
いきなりSNSから仕事に結びつけようとする

Column 1 お金にならない飲み会はない!

本章で述べたように、飲み会は仕事で結果を出すためのもの。だからこそ、"戦略的"に飲む必要があります。

しかし、「仕事につながらない飲み会には絶対に行ってはならない」と言いたいわけではありません。私の場合、飲み会の多くが仕事に直結するものですが、直接的には仕事に結びつかない飲み会に参加することもあります。

たとえば、メディア業界の同業者との飲み会や、友人や知人をまじえた飲み会など、直接的な売上にはならないケースです。

もちろん、同じ日程であれば直接的に仕事に結びつく飲み会を優先します

が、スケジュールさえ空いていれば、直接は仕事につながらない飲み会でも積極的に顔を出すようにしています。

なぜなら、飲み会は、お金にならなくても「タメになる」、あるいは「ネタになる」ことが多いからです。

私にとっては、そのような飲み会に参加するのは、映画を観るのと同じ感覚です。映画を観ることは仕事には直結しないけれど、将来的にまったく仕事の役に立たないとも言い切れません。

たとえば、役者の服の着こなしや小物などは誌面をつくるときのヒントになる可能性がありますし、映画の中のセリフやりとりが、普段のコミュニケーションの参考になるかもしれません。

飲み会も同じ。
直接的にはお金にならなくても、役に立つような話を聞けるかもしれませんし、お店や飲み会での出来事があとで話のネタになれば、それだけでも参

加した価値があります。また、その飲み会で出会った人との縁で、まわりまわって仕事に結びつく可能性もあります。

社内の人と飲みに行って、仕事の愚痴や上司の悪口で盛り上がるくらいなら、外の飲み会に積極的に参加したほうが、何倍も自分のためになります。

特に、若い頃はいろいろなことを吸収する意味でも、積極的に飲み会に行きましょう。

長い目で見れば、「仕事だけしていればいい」と割り切っている人に、仕事の成果の面で大きく差をつけられるはずです。

Chapter 2

[トーク術]

何を話し、何を話してはいけないのか?

Rule 08

飲み会という「舞台」を演出せよ!

会食の本質 / 会話の台本 / 極秘気くばり / 終わり方 / 店選び / 社内飲み / ゴルフ&ジム

私は、飲み会を「舞台」ととらえています。メンバー一人ひとりが与えられた役割をこなし、仕事の「結果」というフィナーレに向かって全力を尽くすのですが、本来の飲み会のあるべき姿です。だからこそ、キャスティングであるメンバー構成や、エンディングに向けたシナリオも重要になります。飲み会を開催するからには、舞台を演出するつもりで臨まなければなりません。

いつも広告を出してくれているブランド企業の担当者も、優秀な「演出家」のひとり。ある日、彼女（担当者）から「戸賀さん、今度うちの社長を呼んでくるから会食をしましょう。よろしく頼みますね」という打診を受けました。

社長がわざわざ同席するということは、「社長が喜ぶような派手な企画を提案して」というメッセージであり、おのずと飲み会での私の役割が与えられたことになります。当然その企画が実現すれば、彼女の手柄にもなります。飲み会を「結果につなげる舞台」と考えると、彼女のような「演出」ができるようになるのです。

✗ NG
飲み会は単なる「会合」だと思っている

Rule 09

会話の「台本」を準備せよ！

会食の本質 | **会話の台本** | 極秘気くばり | 終わり方 | 店選び | 社内飲み | ゴルフ＆ジム

仕事の緊張感から少し離れ、お客様と他愛もない会話を楽しむのです。こうしてお互いに心を開いて打ち解けるのも飲み会の大切な目的です。しかし、結果を出す人は、「とりとめもない会話をして楽しく過ごせれば十分」とは考えません。

飲み会は「舞台」ですから、言うべきセリフまで用意してから本番に臨んでいます。

たとえば、広告を出してくれる可能性のあるクライアントを飲み会に誘ったとします。こちらのメンバーは、編集長である私とクライアントを連れてきた広告営業の担当者。クライアントは、雑誌に広告を出すか迷っています。

このような状況のとき、私は広告営業の担当者と次のようなやりとりをします。

戸賀「(お客様のご予算ですと) 2ページを使って商品を紹介しましょうか」

営業「ちょっと待ってください。編集長は2ページと申しておりますが、私のほうで編集長を口説いて3ページにさせます」

戸賀「おい、ちょっと勝手なことを言うな!」

営業「編集長、あとで相談に乗ってください」

会食の本質　**会話の台本**　極秘気くばり　終わり方　店選び　社内飲み　ゴルフ&ジム

「この広告予算では2ページしかとれない」と言う私を、身内である営業担当が「なんとか3ページにならないか」と説得している構図です。

勝手なことを言う営業担当に対して、私は少し慌てた様子で「勝手なことを言うな！」と怒ったりもします。すると、飲み会の席には少し緊張が走り、クライアントの中には、逆に「まあまあ」と仲介に入ってくださる方もいます。

しかし、これらはすべて営業担当と事前に打ち合わせ済みの会話です。「俺がこう言ったら、こう言い返せ」「このセリフは大事だから、少し大きな声で強調しろ」と、ちょっとした"演技指導"もします。

つまり、飲み会は「舞台」であり、会話には「台本」が存在しているのです。

■ 駆け引きをするならドラマチックに！

こうしたやりとりを見せられたクライアントは、どう思うでしょうか。

多くの人は、広告営業の担当者に対して「この営業担当は、私たち（クライアント）のために編集長に怒られるのを承知で説得してくれている。仕事熱心な人だ」

といった好印象を抱くはずです。

そして翌朝、広告営業の担当者からお礼のメールが届き、「ページ数の件で戸賀には怒られていませんのでご心配なさらないでください。ぜひ3ページでやりましょう」と書いてある。しかも、CCには編集長の私も入っているので、現実味のある話だと暗に示しています。ここまでやれば、ほとんどのクライアントは前向きに広告を出稿しようと考えてくれるでしょう。

会議室でこんな芝居を打ったら不自然ですが、お酒の席ではこのくらい芝居がかっていても案外平気ですし、かえってドラマチックに映ります。

「ここまでしないといけないのか！」と思う人もいるかもしれません。たしかに、多少極端な例かもしれませんが、飲み会は、結果につながらなければ意味がありません。しかも、どんなビジネスでも多かれ少なかれ交渉の駆け引きはあるはず。どうせ駆け引きをするなら、戦略的に飲み会の場を使うべきではないでしょうか。

飲み会の「台本」を事前に用意しない

Rule 10

「脇役」が活躍する舞台ほど傑作になる

脇

NG 「主役」である上司ばかりが話してしまう

役が魅力的な舞台やドラマほど面白いのと同じで、飲み会も「脇役」が活躍することで結果が変わってきます。

主役であるキーパーソンが決めのセリフや締めの言葉をきちんと言うべきなのはもちろんですが、主役ばかり話し、おいしいところをもっていく飲み会ではダメです。

前項の例でいえば、編集長である私がこちら側の主役で、営業担当が脇役と言えますが、「編集長を口説いて3ページにさせます」と言った営業担当が、おいしいところをもっていっています。

飲み会はチームワークが大事。それぞれが役割を分担し、最終的に結果を出すのが目的です。そのためには、ときに脇役が「主役」になってもいいのです。主役である上司ばかりが目立ってしまう飲み会を見かけますが、部下にあいづちを打たせておくだけではもったいない。結果を出す人は、「部下が評価されるのは、上司が評価されているのと同じ」だと理解し、脇役を引き立てる飲み会をしているのです。

Rule 11

「登場人物」の背景を探れ！

相手を落とす「台本」を書くには、事前に登場人物である相手の背景を徹底的に調べる必要があります。

先の例で言えば、こちらがせっかく台本通りに演じても、クライアントにそもそも雑誌広告に出す予算がなければ意味がないからです。

また、クライアントの予算が100万円しかないのか、1000万円あるのかでも、台本の効果は違ってきます。

なけなしの100万円を出してくれるのであれば、台本の効果は期待できますが、1000万円のうちの100万円ということであれば、別れたあとのタクシーの中で、クライアントに「たった100万円で2ページ分が3ページ分に増えてラッキーだったな」と思われるのがオチ。

その場合は、もっと多くの予算を引き出すような台本を書くべきだった、ということになります。

こうした事態を避けるためにも、私たちはクライアントとの間に入る広告代理店

の営業担当に、あらかじめ次のようなことを徹底的にヒアリングしておきます。

「予算はどのくらいか？」
「キーパーソンは誰か？」
「相手の本気度はどのくらいか？」

このように相手のバックグラウンドを把握しておくことで初めて、成果につながる台本をつくることができるのです。

■「根拠」のない飲み会はしてはいけない

最もあってはならないのは、負け戦に上司を担ぎ出すことです。
私も、広告営業の担当者や部下の編集部員から頼まれてクライアントとの飲み会に同行したけれども、実際にふたを開けてみたら、「そもそも相手が広告を出す予算など持っていなかった」「相手がまったく決裁権のない人物だった」ということ

✕ NG 下調べもなく飲み会を設定してしまう

が何度かありました。

「会社の経費でおいしいものを食べられてよかった」という話では済みません。会社の予算を食いつぶしていたら、結局は自分のクビを絞めることになります。

飲み会は結果を出すためのものですから、絶対に「根拠」のない飲み会はしてはいけません。

特に上司を連れて飲み会を開催する以上は、「お金を引き出せる可能性がある」ということが前提でなければ意味がないのです。「根拠」が見つからないうちは、会議室で話し合っていれば十分です。

飲み会をセッティングする前に、相手の背景をできる限り調べ尽くすというステップを踏むように心がけましょう。

Rule 12

15分前に「リハーサル」をせよ!

NG 社長や上司を単なる「お飾り」にする

私が飲み会に参加するときは、必ず事前にメンバーと打ち合わせをします。一緒にタクシーや電車で移動するなら、その移動時間中に「台本」などを確認するのです。もし現地集合にするなら、スタート15分前に店舗が入っているビルのロビーや近くのカフェで待ち合わせして打ち合わせをします。

自分の役割と言うべきセリフ、言ってはいけないセリフなどを再確認してから臨むことによって、飲み会の質は高まり、仕事の結果も変わってきます。

いくら1週間前に一度打ち合わせをしたとしても、必ず直前に確認する。案外、人の記憶はあてにならないものですし、本番でお酒も入ればなおさらです。

こうした入念な「リハーサル」をするのは、自分の社長や上司などに同行してもらうときも同様です。言ってほしい言葉を事前に伝えたり、また「今日のお相手のA社さんには、○○の件で大変お世話になりました」といった最低限の情報は伝えておき、社長や上司の言葉で語ってもらえば、相手に与える印象もよくなります。

Rule 13

乾杯では「思い出トーク」をせよ！

NG
「おつかれさまでした」のひと言で乾杯する

飲み会では、笑いが起きて楽しい雰囲気になるような会話をするように私は心がけています。最初から仕事モード全開で堅い雰囲気をつくってしまうと、「どれだけ大きなお願いをされるのだろう」と、相手に余計なプレッシャーをかけてしまうからです。ビジネスの飲み会でも、明るく、楽しくが基本です。

ただし、全員が席に着いて乾杯する準備が整ったら、いったん空気をピリッと引き締めます。具体的には、相手に「いつもお世話になっている」という感謝の気持ちを簡潔に伝えるのです。

「昨年は、○○様のおかげで、18％も数字が伸びました」
「10月の△△のイベントは、おかげさまで大変盛り上がりました」

要するに、「私はあなたにしてもらったことを全部覚えています」というメッセージを送るのです。すると、こちらの誠意が伝わりますし、このチームはうまくいっているという印象を与えられます。会話にはメリハリをつけるのが大事なのです。

Rule 14

話題は相手のSNSから拾え！

「飲み会で何を話したらいいかわからない」という相談をよく受けます。

たしかに、会話の「台本」を事前に用意すべきですが、台本にするのは、仕事の成果に直結するような大事な話題を絶対に相手に伝えなければならないことなど、一部にすぎません。それ以外は、楽しく会話を楽しむトーク力が求められます。

会話をうまく盛り上げられない人に対しては「相手のフェイスブックやインスタグラムをチェックしていきなさい」とアドバイスしています。SNSを通じて多くの人が自ら情報発信している時代ですから、それを有効活用しない手はありません。

「そういえば部長、この間、自作のオムレツの写真をアップされていましたね。お昼時に拝見したので、思わずお腹がグーッと鳴ってしまいました」

「昨日、ゴルフに行かれていましたね。あそこはむずかしいコースですよね」

SNSにアップされた記事や写真を見たうえで、このように話を振れば、たいていは喜んで話してくれます。

基本的にSNSにアップする話題というのは、本人が誰かに聞いてもらいたいことや、興味のあることです。したがって、話のきっかけをつくってあげれば「待ってました!」とばかりに話をしてくれて、会話もうまく転がっていきます。

また、SNSを見るということは、相手に興味を持っているというメッセージにもなるので、相手は「こいつ、かわいいやつだな」と思ってくれます。

ただし、チェックする投稿は、2つ、3つで十分。なんでもかんでも知っていると、ストーカー的で気味の悪い印象になってしまうので気をつけるべきです。

■ **相手の好きなモノをひたすら「聞く」**

相手がSNSをやっていないケースもあるでしょう。

そのような場合は、ありきたりな方法ですが、相手の話を「聞く」ことが距離を縮めるための王道です。

特に、相手の好きなモノや趣味などを聞き出すのがコツ。たとえば、自動車が好きな人には自動車の話を、ゴルフが好きな人にはゴルフの話をうまく振ることがで

きれば、会話は盛り上がります。

いちばんやってはいけないのは、相手の話を奪うこと。相手が「週末はゴルフに行ってきて……」という話を始めたのに、「私は週末、山に出かけました」と、自分の話題にしてしまったら、相手との距離は一気に離れていきます。

「どちらのコースに行かれたんですか？」
「どのくらいのスコアでまわられるんですか？」

このように質問して、どんどん相手の話を引き出すのが正解。自分の話を聞いてくれる人に対しては、誰でも好意を持つものです。

自分の話術に自信がない人でも、話を聞くことはむずかしくありませんよね。

NG

「私は、私は」と相手の話を奪ってしまう

Rule 15

いい話は「メモっていいですか?」

NG 会話に集中しているふりをする

飲み会は、仕事の一環として戦略的に参加しなければなりませんが、仕事の話ばかりでは気が抜けず、距離を縮めることができません。もちろん、食事中に企画書を出したり、メモ帳を出したりするのも基本的にはNGです。

ただし、相手との距離を縮めるために、戦略的にメモ帳を出すのは、テクニックのひとつとして有効です。

たとえば、決裁権を持っている相手のキーパーソンがためになる話や印象に残る話をしてくれたとき、「ちょっと、すみません」と少し仰々しく会話をさえぎって、メモ帳とペンを取り出す。そして、「今のお話、忘れないようにメモしておいてもいいですか?」と言って、書きとめるのです。こんなことをされたら、相手はうれしいですし、「もっと話したい」という気分になりますよね。

わざとらしく連発するのはご法度ですが、心からいい話だと思ったのであれば、軽く「演出」を加えるのも効果的な会話術のひとつだといえます。

Rule 16

下ネタを「お口直し」に使え！

仕事の飲み会であっても、私は「下ネタ」を言います。

もちろん、仕事の関係者との飲み会や接待の席での「下ネタ」はリスクが高すぎるからやめたほうがいい、という意見もあります。言う相手を間違えたり、度を超えたりすれば、「セクハラ」と言われてしまうリスクもあります。

それでもなお、下ネタを会話の中に織り交ぜることは、相手との距離を近づけるスパイスになると私は信じています。だから、常に3つくらいは、下ネタを仕込んで飲み会に参加します。

スケベ心まる出しのえげつない下ネタや、場をわきまえない下品すぎる下ネタは、当然いただけません。カレーを食べているのに、排せつ物の話をされたら、誰だって気分を害します。

しかし、誰も傷つけないような笑える下ネタであれば、場の空気をリフレッシュさせる清涼剤のような役割を果たしてくれます。料理のコースにたとえれば、魚料理と肉料理の間に出てくる「お口直し」のような存在です。

下ネタは万国共通の話題なので、沈滞している場を明るくなごませる効果があり

75　2章　何を話し、何を話してはいけないのか？

ますし、また、親しみやすさを感じさせ、さらに一歩踏み込んだ人間関係を構築させる力も持っています。

ただし、下ネタが効果を発揮するのは、「80％の仕事の中身」がしっかりしていて、飲み会の「台本」通りに役割を果たせているのが前提です。下ネタはあくまでもお口直しであって、メインディッシュではありません。

下ネタでいくら笑いをとっても、それだけでは本末転倒です。

■ 下ネタは「失敗談」が無難

では、具体的にどんな下ネタが好ましいのでしょうか。

いちばん無難なのは、自分の失敗談です。

「このお店の並びにエッチなお店があるんですが気づきましたか？ あそこに間違って入ったらダメですよ。15年も前に私も入ったことがあるんですけど、××なことがあって大変な目に遭ったので」

自分の失敗談であれば、相手を傷つけることなく、笑い飛ばすことができます。

ただし、女性がいる席では、よほどの人間関係がない限り、先のような「エッチ系」のネタは避けたほうが無難です。

女性に下ネタを飛ばすなら、断然、次のような「トイレ系」です。

「好きな人とレストランでデートをしたとき、彼女が頬を赤らめていたので今夜はイケると思っていたんですが、実は、トイレに行ってからずっと僕のズボンのチャックが開いていただけだったんです」

もちろん、下ネタを飛ばすタイミングや相手には気をつける必要はありますが、下ネタを笑いに変える話術は人間的な魅力にもつながるはずです。ぜひチャレンジしてみてください。

NG ✕ スケベ心まる出しの「笑えない下ネタ」を言う

Rule 17

あえて競合の成功例を語れ！

会食の本質 / **会話の台本** / 極秘気くばり / 終わり方 / 店選び / 社内飲み / ゴルフ＆ジム

NG 競合企業やライバルの悪口を言う

「飲み会ではお客様の競合のことを話題にするのはタブー」というのが一般的な考え方です。たしかに、競合の話は、相手にとって失礼にあたることもありますし、悪口などネガティブな展開になりがち。相手に「この人は、うちの悪口も言っているかもしれない。信用できない」という印象を持たれてしまいます。

しかし、ポジティブな内容であり、仕事の成果につながる話であれば、あえて競合の話をするのも「あり」だと思います。

私の場合は、ブランド企業の広告担当者にイベント企画を提案したいときに、ライバルブランドの成功例を話します。ただ、「○○社は、こんな方法で一緒にイベントをやって成功しました」だけでは、「競合と同じことをやってくれ」というメッセージになってしまい、失礼です。そこで、「御社の強みを活かして、この部分を変えればもっとうまくいきます」と具体的にプランを提案します。このように競合との差別化を明確にすれば、相手も提案に乗りやすくなります。

Rule 18

6人までは
ひとつの話題で盛り上がれ！

NG 近くの席の人とばかり話してしまう

飲み会の参加人数が4人くらいまでであれば、みんなでひとつの話題で盛り上がることができますが、6人くらいになると、3対3や4対2でグループが2つに割れてしまうことがあります。

さすがに8人くらいの飲み会だと大きな声で話すことになり、まわりの席の迷惑になるので、グループが割れるのはしかたない面もあります。

6人までならひとつの話題で盛り上がるのが原則です。相手のキーパーソンが話しているときに、端っこに座っているメンバーが別の話をしていれば、マイナスイメージになるでしょう。自分の話を聞いてもらえないのは、何よりつらいことですから。仕事の飲み会であれば、対角線で話を聞ける人数が限度でしょう。

飲み会のメンバーは、仕事の結果を出すことを目的とした「チーム」です。会話でもそれぞれが役割を果たし、チーム内の連携がとれていることを相手に見せつけることは「チームワークがいい」という印象になり、仕事上の信頼につながります。

Rule 19

店を選んだ「ストーリー」を語れ！

❌ NG なんとなく「話題の店」に行く

私が飲み会をセッティングするときは、会話の中で必ず「このお店を選んだ理由」を語るようにしています。

飲み会の相手が「ダイエットをしている」という情報を事前につかんでいるのであれば、食事が出てくる前に、こう言います。

「なぜ今日、○○さんをこのお店に連れてきたかったと言うと、ここのフレンチはバターを使っていないからなんです。とっても身体にいいと評判なんですよ」

こう言われた相手は、「そこまで私のことを考えてくれているのか」「今日の会食は楽しみだな」と素直に喜んでくれるでしょうし、「仕事でも気くばりができる人に違いない」というイメージを持ってくれます。

そのほか、「このお店は○○さんの家まで電車１本で帰れる場所なので」「イタリアンが好きな○○さんをぜひお連れしたかったので」といった理由で、「相手のために選んだ」というストーリーを語ることで、信頼を獲得できるのです。

Rule 20

メニューは店員よりも把握せよ!

相手に喜んでもらうという意味では、お店のメニューについて、ちょっとしたうんちくを語るのも効果的です。

たとえば、焼き肉店なら「このカルビはA5ランクの牛なんですよ」「あまりとれない、ざぶとんの部位を使っているんですよ」とメニューの説明をする。

韓国料理なら「ここのマッコリは、めずらしくメイドインジャパンなんです。しかも鮮度にこだわっていて、製造から2週間以内に出すようにしているんですよ」と言って、ボトルの製造年月日を見せる。

このようにメニューのうんちくを2つ、3つでも語れると、それだけで料理のおいしさは増しますし、会話も広がります。

また、相手は「本当に行きつけのお店に連れてきてくれたんだ」と特別扱いされている気分になります。

店員さんは料理の説明をしてくれるとは限りません。「カルビです」「マッコリ、

会食の本質　会話の台本　極秘気くばり　終わり方　店選び　社内飲み　ゴルフ&ジム

お待たせしました」とだけ言って、料理を置いていくことも多いでしょう。

したがって、お店の看板メニューだけでもいいので、店員よりメニューを把握するつもりで事前に情報を仕入れておきましょう。

■ ワインよりも焼酎を語れ

うんちくを語るといっても、ワインなどを対象にするのは避けたほうが無難です。ワインにくわしいというだけで、「いけ好かないやつだ」「かっこつけている」という印象を抱く人もいます。

うんちくを語るなら、なじみがあって身近な食べ物がおすすめ。同じお酒ならビールや焼酎のほうが、興味を持って聞いてもらえる可能性が高いでしょう。

NG
上から目線でワインのうんちくを語る

Column 2
立食パーティはパフォーマンスが低い！

大勢の人が集まる立食パーティなども、飲み会の一種です。

飲み会は結果を出すためのプロセスだと考えると、立食パーティはパフォーマンスが低いと言わざるを得ません。

パーティの主催者に会うのが目的の場合は、なおさらです。

たとえば、今後の仕事につなげるために、仕事を発注してくれそうな人が開催するパーティに参加するとします。しかし、相手は主催者なので会場に集まっている人の多くが主催者の関係者。誰もが、主催者と名刺交換や会話をしたいと思って列をつくります。30分順番待ちをして、言葉を交わしたの

は1分だけ……といった結果になりかねません。

しかも、主催者は何十人もの参加者と会っているので、初対面の人の顔と名前を覚えるのはむずかしいでしょうし、会話の中身もほとんど覚えていられないでしょう。

そんな状況下で、プレゼンスを上げたり、具体的な仕事の話をするのは簡単ではありませんし、スマートでもない。

立食だと落ち着いて食事やお酒を楽しむこともできませんから、数千円～数万円の会費を払っても、金額に見合わないケースがほとんどです。

そうした不利な状況を覚悟のうえで立食パーティに参加するのであれば、とっとと名刺交換やあいさつを済ませて、早めに切り上げてしまいましょう。

極端なことを言えば、「お目当ての人物と目が合って、参加していることをアピールできたら十分」と割り切ってしまうのです。

立食パーティで結果を出そう、という考え自体が間違っています。次につ

ながるきっかけをつくれれば御の字でしょう。

名刺交換ができたら、「昨日はお招きいただき、ありがとうございました。名刺交換をさせていただいた戸賀です。こんなことを考えているので、今度お時間をいただけませんか?」と丁寧かつ具体的なメールを送る。

また、場合によっては、会えないことは覚悟のうえで相手の会社をアポなしで訪問して名刺を置いてきたりするなど、パーティ後にプレゼンスを上げたり、仕事につなげるやり方を考えたりするほうが生産的です。

Chapter 3

結果を出す人だけが
やっている気くばり

マナー・おもてなし

Rule 21

シャンパンはおかわりするな!

極秘気くばり

飲み会をするうえで、絶対に忘れてはいけない原則があります。

それは、お客様を舞台の「主役」として扱うことです。

たとえば、私たちがクライアント企業と飲み会を開くとき、編集部側の主役は編集長の私かもしれませんが、あくまでも飲み会という舞台の主役は、決裁権を持った相手のキーパーソンです。

たとえ飲み会の会計は編集部が持ったとしても、広告のためにお金を出してくれるクライアントがやはり偉いわけですから、絶対に相手を立てなければなりません。

だからこそ、私は「演出家」に徹するようにしています。お店を選ぶときは、相手が苦手な食べ物を出すお店を避けるのは当然ですが、できるだけ喜んでもらえるように心を砕きます。

「そんなの当たり前だ」と思われるかもしれません。しかし、普段から強く意識していないと、思いがけず失礼な態度をとってしまい、相手を主役として立てることができません。

私も普段から編集部員たちに、「お客様を主役にしろ！」と口を酸っぱくして言っているのですが、それでも無意識のうちにミスを犯してしまいます。

以前に、こんなことがありました。クライアント企業を接待する飲み会でのこと。メンバーは、社長と私のほかに、自社の広告営業の担当者と若手の編集部員の4名。「せっかくだからシャンパンを開けましょう」ということになり、高級シャンパンを頼んでみんなで乾杯しました。

そこまではよかったのですが、1杯目のシャンパングラスを飲みほした営業担当と編集部員が、いつのまにかシャンパンを次々とおかわりしはじめたのです。

私の指導不足が原因であるのはもちろんですが、「お客様が主役」と考えれば、これはあってはならない振る舞いです。

高級シャンパンは値段が張ることもありますが、ビールなどとは違って特別なお酒と言えます。少なくともクライアントのためにシャンパンを開けたのです。それにもかかわらず、編集部員たちが次々とおかわりしてしまった……。

相手の社長から強く勧められたのであれば別ですが、基本的にシャンパンは社長

のために残しておき、自分たちは「ビールにしておきます」「最近、尿酸値が気になるので焼酎にしておきます」などと言いながら、別の飲み物を頼むのがマナーです。

■ **食事のペースもお客様に合わせるのが正解**

「お客様が主役」を前提にすると、食事やお酒のペースも相手に合わせるのが正解です。若手など「脇役」のメンバーの中には、会話にうまく入っていけず、食事やお酒のペースが上がってしまう人がいますが、これもまた相手に失礼です。相手がお酒をあまり飲まないケースでは、お客様から勧められない限りは、勝手に自分たちのお酒を頼むのは問題があります。

タバコを吸いに席を外すなどもってのほか。お客様がタバコを吸いに行くタイミングで一緒に席を外すならまだ許されるかもしれませんが、相手が吸わないなら我慢すべきです。

NG
お客様のペースを無視してお酒を頼む

Rule 22

相手の「自宅沿線の店」を選ぶ

こちらが飲み会をセッティングするときは、相手のキーパーソンがどこに住んでいるかを事前に確認してもいいでしょう。

相手が女性の場合は、マナー上、最寄りの駅は聞きづらいでしょうから、「何線を使って帰るのか」「どこのターミナル駅を使うのか」をさりげなく聞くだけでも十分です。本人に聞けないときは、ほかのメンバーに探りを入れてもいいでしょう。

大切なのは、キーパーソンが自宅に帰りやすい場所にあるお店を予約すること。理想は、キーパーソンの会社と自宅の間にあって、一度も乗り換えが発生しないような場所です。

たとえば、キーパーソンの会社が東京の品川にあって、飲み会の会場が池袋だったらどうでしょう。キーパーソンの自宅が池袋駅を通る電車の沿線にあれば、帰りは乗り換えなしで帰ることができます。

しかし、キーパーソンの自宅が品川駅を通る電車の沿線にあったら、そのキーパーソンは「面倒くさい」と思うはず。品川駅も池袋駅も山手線でつながっていま

すが、ほぼ反対側にあるので、最短でも約30分かかります。飲み会のあとに、また30分かけて品川駅まで戻るのは、かなり億劫に感じるはずです。

■ いざというときタクシーで帰れる場所が理想

私の経験から言えば、相手が飲み会をするにあたって心配するのは、帰宅時のことです。お酒を飲んだあとに、何度も電車を乗り換えて帰るのは面倒ですし、ほかの酔っ払いと一緒に長時間、電車に乗ることは避けたいはずです。

翌日の午前中に重要な仕事が入っていたりすれば、なおさらストレスなく帰りたいと思うでしょう。

そんなとき、乗り換えなしで帰れる場所や、いざというときにはタクシーで帰れるような場所で飲み会がセッティングされれば、帰りの電車や経費のことをあまり気にせずに、リラックスした気持ちで会食を楽しむことができるでしょう。

何よりも、帰りのことまで気を遣ってくれた相手に対して、好印象を持つに違いありません。

飲み会の場所は、相手の自宅の最寄り駅沿線にあるお店を選ぶのが原則です。それを理解したうえでほかのお店をセッティングするのであれば、それ相応の理由が必要になります。

「この夜景がキレイな席は、無理を言ってとってもらったんですよ」
「ここは、一見さんは入れない特別なお店だったので、わざわざ足を運んでいただきました」
「日本酒が好きな○○さんに、ぜひ飲んでいただきたいお酒があるんです」

このように、「自宅の最寄り駅沿線」という原則を破ってまでも連れてきたかった理由を、先に伝えておく必要があります。

NG 先方の都合を考えず店を予約する

Rule 23

店の名物を頭に叩き込め！

会食の本質　会話の台本　**極秘気くばり**　終わり方　店選び　社内飲み　ゴルフ&ジム

NG 食事の感想が「おいしい！」の一辺倒

2 章で「メニューは店員よりも把握せよ！」という話をしました。こちらが飲み会をセッティングする立場であれば、そのお店の料理やお酒のうんちくを語れれば、相手に喜んでもらえます。

同じことは、飲み会に招かれた場合にも言えます。お店の看板メニューやこだわりを把握し、食べ物の感想を伝えることで、相手に喜んでもらえます。私は飲み会に招いていただいたときには、必ずグルメ担当や編集者に情報を聞いたり、「食べログ」などで飲食店情報をチェックしたりしてから本番に臨みます。どんなお店にも、みんなが注文するような名物があるので、その詳細を頭に叩き込んでおくのです。

軟骨入りミートボールが名物であれば、実際にそのメニューが出てきたときに「ミートボールおいしいですね！　もしかして軟骨入ってますか？」とコメントする。お店を選んだ側からすれば、具体的に食べ物を評価してもらえればうれしいですよね。ネットをチェックするのは3分もかからないので、即実践しましょう。

Rule 24

相手の誕生日は必ずチェック!

NG 相手のSNSをチェックする時間をつくらない

飲み会に参加する前にチェックすることが、もうひとつあります。

「相手のメンバーの中に誕生日が近い人がいないか」です。

いくらビジネス関係の飲み会であっても、「今週、誕生日なんですね。おめでとうございます」と言われれば、たいていの人はうれしく感じます。年齢を重ねるたびに「自分の誕生日なんて面倒くさい」と思うようになっている私でさえ、「おめでとうございます」と言われれば「わざわざ調べてくれてうれしい」と感激します。

誕生日は、相手のフェイスブックなどSNSを覗けば簡単に確認できます。誕生日が飲み会のある日から1か月以内であれば、「おめでとうございます」と言うべきです。誕生日を過ぎていても1~2週間前であれば、触れてもいいでしょう。

いくらビジネスの人間関係がドライになっているといっても、日本人は、いまだにこのような少しウェットなコミュニケーションを好むDNAを持っています。

ちょっとした心遣いが、一気に距離を縮める近道なのです。

Rule 25

「無礼講は存在しない」と心得よ!

> **NG** 相手とタメ口でなれなれしく話す

「飲み会の席は無礼講だ」と言われることがあります。しかし、飲み会は結果につなげるビジネスの場であることを考えれば、「無礼講などあり得ない」と認識すべきです。会議中に大きなあくびをするのが許されないのと同じで、飲み会でも無礼な行為はあってはなりません。

意外とよくあるのは、飲みすぎてあくびをしたり、気持ち悪くなったりするケース。緊張して酔っ払う人もいれば、会社のお金だからといってカパカパと飲みすぎる人もいます。相手は笑って済ませてくれるかもしれませんが、心の中では「この人に仕事を任せても大丈夫だろうか」と思っている可能性が大です。

また、年下のお客様に対して、「○○くん」「○○ちゃん」と呼んでしまうのも、ありがちな悪いケース。よほどの人間関係ができていれば別ですが、お客様を不快にさせているかもしれません。

お酒の席であっても、相手は「お客様」であることを絶対に忘れてはいけません。

Rule 26

「上座が正義」とは限らない

極秘気くばり

✕ NG マナーやルールに固執し、融通が利かない

「目上の人やお客様は上座である奥に座り、目下の人やおもてなしをする側は下座である手前に座る」というのが、一般的な座席のマナーです。

相手をもてなすうえで、基本的なマナーを押さえておくのは最低限のルールです。常識を知らずに行動する人は、相手から信頼されることはないでしょう。

しかし、一般的とされるマナーが、必ずしも「正義」とは言えません。たとえば、寿司屋のカウンターに座るときは、奥が上座とは限りません。大将の正面や角の座席が上座かもしれません（ただし、お客様とカウンターで隣同士に座ることは対等な関係になってしまうので失礼だと考えるべきです）。

タクシーの座席でも、一般的には奥の席を勧めるのがマナーですが、スカートを穿（は）いた相手を先に乗せるのは違和感があります。「（スカートだと）乗り降りが大変でしょうから」と言って自分が先に乗り込むほうがスマートではないでしょうか。

結果を出す人は、マナーを押さえたうえで、状況に合わせた行動をとるのです。

Rule 27

大皿料理は店に取り分けてもらえ！

極秘気くばり

NG 年少者が大皿料理を取り分ける

飲み会は仕事の結果につなげる場ですから、相手に喜んでもらえるように振る舞い、会話に集中することが大切です。

だから、私は基本的に取り分ける必要のある料理は頼みません。

料理がひとつの大皿に載った状態で出されると、取り分けるのに気をとられて、会話に集中できません。

しかも、たいていはその場の年少者が取り分ける役目を担うことになりますが、年少者はおいしいものを食べた経験が乏しいので、せっかくのおいしい部分をお客様に取り分けずに、自分の皿に盛ってしまったりする可能性もあります。また、取り分け方が汚いと、せっかくの美しい盛り付けも台なしです。

料理の取り分けであたふたするくらいであれば、最初から個別に料理が出されるコースを頼んでしまったほうが無難です。あるいは、事前にお店にお願いして、小皿に取り分けた状態で出してもらうようにしましょう。

Rule 28

ご馳走になるなら「手ぶら」はあり得ない

飲み会に誘われ、ご馳走になることが予想される場合、手土産を用意していくのが常識です。ところが、手ぶらで飲み会に行ってしまう人が驚くほど多い。特に若い人は、そうした考え方があること自体知らないのか、「タダでメシが食えてラッキー♪」という感覚です。

タダほど高いものはありません。会計をもってくれるほうは、当然ビジネスの成果につなげるためにご馳走するのであって、なんらかのリターンを期待しています。

そこで、一方的にご馳走になっているばかりでは、相手に付け入る隙を与えることになります。手土産を返しておけば、「おごってもらったから」という安直な理由でビジネスの判断をすることは避けられます。

相手からご馳走になる場面としては、目上や年長のお客様と飲みに行くケースも考えられます。本来であれば、こちらが代金を支払うべき立場であるけれど、相手がご馳走してくれるということはよくあります。

こうなることが予想できる関係であれば、やはり手ぶらはあり得ません。手土産がないからといってすねる人は少ないと思いますが、「いつもありがとうございま

す」と言って手土産を渡す人と、お礼の言葉だけで済ませる人とでは、印象面で大きな差がつくでしょう。「気の利く人と一緒に仕事をしたい」と思うのが人情。手土産を用意できるかどうかは、仕事の結果を大きく左右すると肝に銘じましょう。

■ 手土産は会話のネタとして戦略的に使う

手土産はマナーの一部ですが、役割はそれだけではありません。相手とのコミュニケーションを円滑にするための武器としても戦略的に活用できます。

たとえば、ファッションメディアの編集という仕事柄、私のお客様には女性が多い。彼女たちには、飲み会の途中でハンドクリームやサプリメントなど美容関係の手土産を贈ることがあります。女性のほとんどは美容系のアイテムには興味があるので、「最近、発売された話題の商品なんだけど……」などと付け加えれば、大いに盛り上がります。

飲み会の目的は、相手とコミュニケーションを深めて、仕事につなげることですから、こうした手土産を会話のきっかけのひとつとして投入するのです。手土産は

帰り際に渡すのが一般的な常識ですが、会話を盛り上げることをねらった手土産であれば、途中で渡してもいいでしょう。これは飲み会に誘うほうでも、誘われるほうでも、両方が使えるテクニックです。

なお、手土産は、定番の羊羹や煎餅などはおすすめしません。謝罪のときは、定番の手土産のほうがふさわしいですが、あくまでもコミュニケーションを円滑にするのが目的ですから、ストーリーのある手土産がいいでしょう。

「最近、SNSで話題のドーナツです。残り5個でギリギリ買えました」
「風邪気味のようなので栄養ドリンクをケースで買ってきました」
「二日酔いになりにくいサプリメントです。飲む前にどうぞ」

こんなエピソードがあれば、会話のネタになり、距離を近づけることができます。

NG ご馳走になったのに、お礼の言葉だけで済ませる

Rule 29

外国人は「母国語のあいさつ+α」でもてなせ！

✕ NG 通訳に頼り切って会話をする

仕事柄、外国人のクライアントと飲み会をすることもよくあります。

そのときに心がけているのは、「相手の母国語であいさつ＋α」。フランス人であれば「こんばんは」から始まって、「私の名前は戸賀です」「今日はお越しくださりありがとうございます」といったあいさつ部分までをフランス語で言います。

私はフランス語を話せませんが、あいさつだけでもフランス語を使えば喜んでくれますし、そのあとは通訳を介しても、会食はスムーズに運びます。

とどめは、会話の途中で母国語のフレーズを使うこと。たとえば、「この刺身はお口に合いますか？」とフランス語で質問する。逆の立場になればわかりますが、海外に行ったとき、カタコトの日本語で話しかけられたら、「わざわざ覚えてくれたのか。いい人だな」と思いますよね。ワンフレーズであっても、効果は絶大です。

別れ際に相手の言語で「さようなら」と言えば、ハグして喜んでくれるでしょう。

Rule 30

ポケットにカードを忍ばせろ!

会食の本質　会話の台本　**極秘気くばり**　終わり方　店選び　社内飲み　ゴルフ&ジム

こ ちらが料金を払う立場であれば、スマートに会計を済ませることも気遣いのひとつ。相手に気づかれないように支払いを終えておけば、かっこいいですし、「この人、やるな。仕事もスマートに違いない」という印象につながります。

会計をするためにカバンを持って席を立ったり、カバンから財布を出したりすれば、「あっ、もう帰ったほうがいいのかな」などと相手に気を遣わせることになります。飲み会でプレゼンスを上げたいのであれば、会計に行ったことさえも気づかせないようにしたいところです。

方法は簡単。あらかじめクレジットカードをポケットに忍ばせておき、トイレに立ったついでに会計を済ませてしまうのです。

ただし気をつけなければいけないのは、本当にトイレに行くときは、自分が戻ってくる前に店員が席にサインをもらいに行ってしまうといけないので、「トイレに行ってくるから、レジで待っていてください」と断りを入れておくことです。

NG
カバンや財布を持って会計に行く

Rule 31

カラオケは「ウマい」より「ウケる」!

会食の本質　会話の台本　**極秘気くばり**　終わり方　店選び　社内飲み　ゴルフ&ジム

飲み会のあと、「2次会でカラオケ」という展開になることがあります。私は個人的にはカラオケは苦手なのですが、お客様から誘われれば、付き合わないという選択肢はありません。

カラオケでやりがちな失敗は、自分の好きな曲や、流行りの曲を歌ってしまうケース。お客様が知らない曲を、上手に歌い上げてもシラケるばかり。

飲み会と同様、カラオケでも、主役はあくまでお客様。お客様に喜んでもらえる曲を歌うのが原則です。

言うまでもなくカラオケでは、「ウマい」より「ウケる」が優先です。

カラオケが苦手だからといっても、1曲も歌わないのは失礼ですから、私も1、2曲くらいは歌います。

よく選曲するのは、松田聖子の『赤いスイートピー』や杏里の『悲しみがとまらない』などの懐メロ。これなら年上のお客様も知っていますし、スマートぶっているイメージの私が、高い声や裏声で女性歌手の曲を歌うというギャップが、そのイ

メージを裏切ることになるようで、とても喜んでもらえます。

■ギャップをつくってイメージをぶち壊せ

カラオケで「ウケる」にはいろいろな方法があると思いますが、作戦のひとつです。キャラクターをぶち壊すくらいのギャップをつくるのは、本人のキャラクターをぶち壊すくらいのギャップをつくるのは、本人のキャラク真面目なイメージの人がノリノリのアップテンポの曲を振り付けありで歌ったり、ノリがよさそうな若い人が渋い演歌をこぶしを利かせて歌い上げたりすれば、それだけでも大いに盛り上がります。十八番となるような曲をひとつでも用意しておくと、カラオケが苦手な人でも、お客様に喜んでもらえます。
お客様のためにエンターテイナーに徹することが、自身のプレゼンスを上げて、仕事の結果につながるのです。

NG
自分の好きな曲や流行りの曲を熱唱する

Chapter 4

[クロージング]

仕事の結果は飲み会の「終わり方」で決まる！

Rule 32

飲み会の席で「サイン」はもらうな!

NG 飲み会でした口約束を信用する

大事なことなので繰り返しますが、飲み会の席は、ビジネスの結果につなげるための大切なステップです。

会食の場を通じて、自分のプレゼンスを上げたり、コミュニケーションを深めたり、仕事につながる情報などを得たりするのが目的であって、その場で契約のサインをもらうのが目的ではありません。「今日、契約をしていただきたいので、印鑑を持ってきてください」と言われるような飲み会は存在しません。楽しくお酒や料理を楽しむことなどできなくなります。

飲み会で「契約をとろう」「何かを決着させよう」と考えるのは間違い。そもそもお酒が入っている場で決定したことを信用するのはナンセンスです。相手に「覚えていない」「そんな約束したっけ？」と言われたら意味がありません。

絵にたとえるならば、飲み会では下地となる線を描き終えれば十分。そこに色を塗るのは、会議やプレゼンの場であるべきなのです。

Rule 33

クロージングは「1週間以内」に！

NG 飲み会から1か月経っても何も進展がない

前項で「飲み会は結果につなげるためのステップにすぎない」と言いました。

とはいえ、飲み会から2か月、3か月経ってもなんの結果も出ないのでは困ります。契約してもらうことを目的にした飲み会であれば、飲み会後にできるだけ早くクロージングに持ち込むのが理想です。

飲み会で相手にいい印象を残すことができても、その記憶はそれほど長くはもちません。数週間もすれば、「そんな飲み会があったな」と記憶が風化していきます。

したがって、飲み会後は短期決着を目指すのが原則。こちらにとって好ましい記憶や流れがあるうちに契約に持ち込むのです。「飲み会から1週間以内」が勝負どころでしょう。

したがって、クロージングを意識して飲み会のスケジュールを設定することも重要。お客様の予算が決まる時期やプレゼン、コンペの日などから逆算して、あまり遠くない時期に飲み会をする、といった戦略を立てれば短期決着も可能になります。

Rule 34

本当の〆はスイーツでも お茶漬けでもない

飲み会を仕事の結果につなげる人は、飲み会の「終わり方」が違います。

酒が入ると酔いも手伝って、後半になればなるほどグダグダになったりしますが、そのまま「楽しかったね」で終わらせてはいけません。

結果を出す人は、飲み会をお開きにする前に、必ず「次につながるアクションの確認」を行います。

「○○さん、それでは来週、もう1回アポイントを入れさせていただきますので、例の件、ご検討をお願いします」

「本日、話題に上がった件は、あらためて御社に伺って提案させていただきます」

こうして今後の仕事の流れを確認し、一度緩んだ場の空気を引き締めることによって、飲み会の目的を相手に再認識してもらえます。

結果を出す人にとって、本当の〆はスイーツでもお茶漬けでもありません。結果につながるアクションなのです。

NG 仕事以外の話で盛り上がったまま飲み会を終える

Rule 35

盛り上がらなくても2次会には誘え！

飲み会のあと、盛り上がり具合や相手との関係性によっては、「2次会に行こう」と誘われることがあります。

特に、こちらが接待する立場であれば、終電がなくなるなどの事情がなければ相手からの誘いに応じるのが基本的な対応でしょう。お願いごとをするほうが「早く切り上げよう」とするのは、やはりおかしいですよね。

相手が2次会を切り出してこない場合でも、お酒が飲み足りないようであれば、こちらから「もし飲み足りないようでしたら、もう1軒いかがですか?」と2次会に誘う気遣いも必要です。飲み会の最後までグラスのお酒を残していないようであれば、飲み足りていない可能性があります。

残念ながら飲み会が盛り上がらず、2次会に行く雰囲気ではない場合でも「もう1軒行きますか?」と誘うのも、場合によっては「あり」です。断られるのが目に見えていても、「相手を主役として立てている」というメッセージは伝わります。

NG
2次会は仲間だけの慰労会

129　4章　仕事の結果は飲み会の「終わり方」で決まる!

Rule 36

脈がないときは デザートを早めに出せ！

会食の本質　会話の台本　極秘気くばり　**終わり方**　店選び　社内飲み　ゴルフ＆ジム

NG 脈がないのにズルズルと飲み続ける

ときには、飲み会の途中で「これは脈がないな」とわかってしまうときがあります。どんなに相手の背景を探って準備をしても、「そもそも出してくれる予算を持っていなかった」という場合です。そんなときは、ズルズルと飲み会を引き延ばさずに、最後の料理まで食べたらお開きにするのがスマートです。

ビジネスにならないことがわかっているのに、相手がなかなか帰りたがらずに、お酒を調子よく飲み続けるようなケースもあります。そんなときは、トイレに行くついでに電車の時刻を調べて「○○さん、ご自宅は××でしたよね。ちょうどいい快速が23：20発なので、そろそろ出られたほうがよくないですか？」と帰宅を促せば嫌味にならず、むしろ気の利く人という印象のままお別れすることができます。

上級者のワザとしては、お店の人に頼んで、デザートを早めに持ってきてもらうという方法もあります。デザートまで出てくれば、自然と「そろそろ終わりかな」というムードになります。

Rule 37

お礼メールは飲み会の前に書いておけ！

会食の本質　会話の台本　極秘気くばり　**終わり方**　店選び　社内飲み　ゴルフ＆ジム

飲み会に誘った場合も、誘われた場合も、多くの人が翌日、お礼メールを送っているのではないでしょうか。飲み会後のお礼メールは、最低限のマナーといえます。

しかし、結果を出す人は、お礼だけではなく、今後のビジネスの流れについても確認を入れます。たとえば、飲み会の最後で確認した内容などを翌日のお礼メールの中で、もう一度念を押すのです。

「昨日はお忙しい中ありがとうございました。おかげさまで楽しい時間を過ごすことができました。さて、課長の〇〇からもお話しさせていただいた△△の件、くれぐれもよろしくお願いいたします。早速、来週お時間をいただきたいので、あらためてご連絡させていただきます」

こうして、ようやく本当の意味で飲み会を締めることができるのです。

飲み会の席でいくら仕事の話をしても、お酒が入っていることもあって、「そん

会食の本質　会話の台本　極秘気くばり　終わり方　店選び　社内飲み　ゴルフ&ジム

な話をしましたっけ?」「あれ、本気だったんですか?」などと、相手にうやむやにされるおそれもあります。

そうした事態を避けるために、あらためて文面にして確認をとるのです。言い方は悪いかもしれませんが、「昨日のお約束、覚えていますよね。頼みますよ」とギュッと相手を締め上げることで、確実に仕事の結果につなげることができます。

また、飲み会の席で具体的なプランや数字が上がった場合は、それをメールの文面として残しておくといいでしょう。あとで「言った、言わない」で揉める事態を防ぐことになります。たとえば、飲み会の席で「広告に200万円出す」と言っていたのに、後日、「200万円とは言っていない。150万円のはずだ」と言われてしまう可能性もあります。翌日のお礼メールで具体的な部分を確認しておけば、あとでトラブルになりません。

■ **お礼メールは朝一番に送信せよ!**

お礼メールは、必ず朝一番に送るのが原則です。たまに午後になってからお礼

NG 昼過ぎにお礼メールを送る

メールを送る人がいますが、どんな事情があっても、遅くても午前中のうちには送信しましょう。私も、営業担当者には徹底させています。

なぜなら、ランチを挟んでしまうと相手が外出してしまう可能性が高いですし、昨夜の余韻はほとんど残っていないので、「今頃なんだ」というマイナスの印象を与えてしまうことになります。

私は、どんなに忙しくても朝イチにお礼メールを送れるように、飲み会の前にお礼メールの文面を下書きして保存しておくことがあります。

どのお店に行き、どんなものを食べるかは決まっているので食事の感想もある程度は書けますし、「台本」が決まっていれば、飲み会でどんな話をするかも事前にわかっています。もちろん、下書きのまま送らずに飲み会後に文面は整えますが、これなら翌朝仕事が忙しくても、朝イチでお礼メールを送信できます。

飲み会は、翌朝にメールを送るまで、決して気を抜いてはならないのです。

Rule 38

お礼メールの文面は一人ひとり変えて送れ！

飲み会の相手が複数いた場合、翌日のお礼メールは、それぞれ文面を少しずつ変えたほうがいいでしょう。

相手が現場の担当者とその上司の2人だった場合、どちらかが情報共有のために「戸賀さんからお礼のメールが来ていた」といって転送する可能性もあります。

そのとき、同じ文面をコピペしたものだったら、「手を抜いた」という印象に映ってしまいます。

それぞれの文面を変えるのは面倒だと思うかもしれませんが、ちょっとしたひと手間がプラスに働くこともあります。

たとえば上司のメールには「部下の〇〇さんは、いつも一生懸命に私たちのために知恵を絞ってくれるので助かっています」とコメントを付け加え、一方で部下である現場担当者のメールには「上司の△△部長は、だいぶお酒を飲まれていたようですが、身体のほうは大丈夫そうですか？」と書き添える。

上司と部下がお互いに、このようなメールが送られてきていることを知ったら、

4章　仕事の結果は飲み会の「終わり方」で決まる！

「気遣いができる人」という印象につながり、あなたのプレゼンスも上がるでしょう。いつも、そんなにうまくいく可能性は低いかもしれませんが、こうした小さな気遣いの積み重ねが、大きな信頼につながると私は信じています。

■「現場を立てる」ことが結果につながる

お礼のメールは、飲み会の相手全員に送るのが原則です。

当たり前だと思われるかもしれませんが、案外、多くの人ができていません。相手先のキーパーソンや役職がいちばん上の人にしかお礼メールを送らないという人がいるのです。これは絶対にやってはいけません。

たとえば、現場の担当者が、その上司である部長を飲み会に連れてきたとします。決裁権があるのは部長ですから、こちらも部長をキーパーソンとして扱うことになります。

しかし、どんなビジネスでも現場を軽視してはいけません。物事の決定をするのが上司だとしても、飲み会後、現場でビジネスを進めてくれるのは、現場の担当者

です。彼らに「いいところだけ上司にもっていかれた」と思わせてしまったら、うまくいくはずの仕事もスムーズに運ばなくなります。現場を立てることは、ビジネスで結果を出す鉄則なのです。

飲み会後は、当然、現場の担当者にもお礼のメールを送らなければなりません。

× NG キーパーソンにしかお礼メールを送らない

「昨日は、部長をご紹介いただきありがとうございます。おかげさまで有意義な時間になりました」

「昨日はありがとうございます。今回はゆっくりとお話しできなかったので、また一緒に行きましょう」

このように上司を連れてきてくれた労をねぎらうとともに、「現場のあなたも大切にしている」というメッセージを伝えることが、実はとても大切なのです。

139　4章　仕事の結果は飲み会の「終わり方」で決まる！

Rule 39

「翌日のホールケーキ」は効果絶大!

飲み会後のお礼として、効果絶大な方法をひとつ紹介します。

それは、フレッシュなホールケーキを相手の職場に届けること。

さすがに、直接私が持っていくことはできませんが、アシスタントに頼んで午後3時くらいに届けさせます。

もちろん、毎回届けることはできませんが、いつもお世話になっているクライアントや、前日ご馳走になったお客様に、感謝の気持ちを込めて贈るのです。

「二日酔いですか？」などとメッセージが入った派手なホールケーキがドーンと届けば、「えっ？　何これ！」というサプライズ感がありますし、飲み会に参加していないスタッフにも、私の存在をアピールすることができます。

また、一緒に飲んだ相手が部長であれば「○○部長のお知り合いの方からすごい差し入れが届きました」とオフィスで話題にもなるので、その部長はきっと鼻が高いでしょう。ホールケーキは、お客様と関係を深めるのに効果的な手土産なのです。

NG

ありきたりな羊羹（ようかん）や煎餅（せんべい）などを手土産として渡す

Rule 40

ご馳走になるときこそ「上司に報告」

会社の経費を使って飲み会をするときは、ほとんどの人が上司に報告するでしょう。経費を落としてもらうためにハンコをもらわないといけませんから。

しかし、相手にご馳走になるケースでは、案外、上司に報告していないケースが少なくありません。「タダでご飯が食べられてラッキー」といった意識でしか飲み会をとらえていないのが原因でしょう。

相手にご馳走になるときこそ、上司に報告しなければなりません。

そもそも飲み会は仕事で結果を出すためのプロセスですから、上司は本来、部下がどんな戦略を持って飲み会に臨むのかチェックしなければなりません。「目的は何か?」「キーパーソンは誰か?」「どんな台本で臨めばいいか?」「手土産は何を用意するか?」といったことを事前に確認するのです。部下からの報告がなく、飲み会の存在すら知らなければ、上司はどうにもできません。

また、部下が飲み会の報告をしないと、上司が恥をかくことにもなります。飲み会の相手であるお客様と上司が別の機会に会ったときに、上司は「先日は、うちの部下がお世話になりました」とあいさつさえできません。

143　4章　仕事の結果は飲み会の「終わり方」で決まる!

そんなことになれば、「上司からお礼のひと言もなかった」というマイナスイメージになりますし、結果的には「この会社はまったくチームワークがとれていない」と不信感を持たれ、ご馳走になった部下の仕事にも悪影響が及びます。

■ 部下には飲み会の「成果」を報告する

反対に、上司が部下に飲み会の報告をすることも大切です。

立場上、上司のほうが飲み会に参加する機会が多くなるので、部下から「○○課長はお酒飲んでばかりで楽しそうだな」などとやっかみを受けるおそれがあります。

それを避けるために、上司は飲み会の「成果」を報告する。「あの件だけど、うまくいきそうだから」「お客様に××の件、頼んでおいたから」とこまめに伝えておけば、無用なやっかみを受けなくて済みますし、「飲み会はビジネスの結果を出すためのもの」という意識を部下に植えつけることもできます。

NG
お客様と飲んだことを上司や部下と共有しない

Chapter 5

「店選び」で
人との距離を
コントロールせよ！

事前準備

Rule 41

仕事のセンスは店選びでわかる！

NG 店選びを人任せにしてしまう

前著『結果を出す男はなぜ「服」にこだわるのか?』(集英社)では、ファッション誌に携わってきた経験から、「服の着こなしがきちんとしている人は仕事もできる」という私の持論をお伝えしました。

飲み会も同じ。お店選びには、その人の仕事ぶりがあらわれると言っても過言ではありません。たとえば、料理がおいしくもないのに値段ばかり高いお店や、大声を出さないと会話ができないようなにぎやかなお店を選ぶ人に対しては、「仕事もこんな調子かも。大丈夫かな?」と不安になるものです。

一方、相手が喜ぶ、居心地のよいお店を選ぶ人に対しては、安心感を覚えます。どんなお店を選ぶかで、「仕事で結果を出せる人なのか」「仕事のセンスがある人なのか」といったことを垣間見ることができます。

相手は、あなたのお店選びのセンスを見ています。だからこそ、お店選びに手を抜いてはならないのです。

Rule 42

究極の店選びは「常連」になってもらうこと

NG 相手の記憶に残らないような店を選ぶ

お 店選びの究極の目標は、連れていった相手に、そのお店の「常連」になってもらうことです。私も何度か経験がありますが、飲み会をセッティングした立場として、これほどうれしいことはありません。

先日もクライアントを、ある寿司屋さんに連れていったのですが、こんな連絡をいただきました。

「戸賀さん、この間連れていってくれたお寿司屋さんに、今度私のお客さんと一緒に行くことにしたんです」

クライアントが自分のお客様を連れていくということは、そのお店を気に入ってくれた証拠。ひいては私自身のことも気に入ってくれたと考えてもよいでしょう。イヤな人に連れていかれたお店をひいきにしようとは思いませんから。そういう意味では、私が前回、企画した飲み会が成功だったという証でもあります。

相手が「行きつけにしたくなるか」は、お店選びの成功のバロメーターなのです。

Rule 43

高級店を予約して満足するな!

「高級店に連れていけば、すべてうまくいく」という考えは間違いです。たしかに、1人2万〜3万円もするような高級店であれば、料理もサービスも一流でしょう。しかし、飲み会の目的を考えれば、単価が高ければ正解とは限りません。

自分のプレゼンスを上げると同時に、相手との距離感をつめて、結果につなげる。これが飲み会のおもな目的です。

高級店を予約したことで満足し、あぐらをかいているようでは、これらの目的を達成することはできません。「飲み会で自分がどのように振る舞い、何を伝えるか」が重要なのです。また、高級店を選ぶと相手に余計なプレッシャーをかけることにもなります。「大変なお願いごとをされたら困るなあ」と身構えさせてしまっては、かえって不利な状況に陥ります。

飲み会のお店は高級店でなくてもかまいません。

関係が深くていつもお世話になっている相手であれば、10回に1回くらいは感謝の気持ちを込めて高級店でもてなすという心遣いは大切です。しかし、普段の飲み

会で使うお店は、まったく背伸びをする必要はありません。

実際、私が普段使っているお店は、1人あたり4000〜8000円の価格帯が中心。1万円を超えるようなお店はめったに使いません。そもそも会社の経費を使っているのですから、費用対効果を意識した飲み方が求められるのは当然です（ちなみに、私が勤めていた会社は外資系なので、経費の使い方は厳しく問われました）。

■「雰囲気重視の店」はデートで使え！

お店を選ぶときの注意点は、「雰囲気だけ」のお店を選ばないことです。

少々生意気なことを言いますが、世の中には、店内の雰囲気はいいけれど料理やサービスは二流、というお店は山ほどあります。

都内の人気エリアに出店して1〜2年で消えていくようなお店のほとんどは、この手の「雰囲気重視」のお店です。オーナーに「この地でずっとやっていこう」という気概やこだわりがないから、とりあえず外からの見てくれだけはよくして一見のお客を取り込む。しかし、料理やサービスの本質的な部分がともなっていないか

NG 「雰囲気がよいだけの店」を予約する

ら、リピーターがつかないのです。私も何度、この手のお店にだまされたことか……。雰囲気重視のお店はデートで使うにはよいかもしれませんが、ビジネスの飲み会では、絶対に避けるべきです。

ねらい目は、箸で食べられる和食割烹の比較的新しいお店。有名店で修業した板前さんが独立して初めて出した、カウンター席といくつかのテーブル席があるような小規模な店舗——。そんなイメージです。老舗や有名店ではないので、料金も比較的リーズナブルです。

割烹料理店は、たいてい雰囲気も落ち着いているので、仕事の飲み会には適しています。また、カウンター席が中心のお店は、お客様から調理風景が丸見えなので、少なくともレンジでチンしたり、手抜きをしたりしません。むしろ一般的なお店にはないようなこだわりのメニューを出してくれる可能性が高いといえます。

Rule 44

ビジネスも飲み会も「現場」を熟知せよ！

仕事では「現場」をよく把握していないと、きちんとした仕事ができません。飲み会も同じ。「現場」を知らないと、相手を満足させ、結果を出すのは困難です。お店を選ぶときに、一度も行ったことのないお店を予約する人がいますが、それは海外のアウェーのスタジアムでサッカーの試合をするようなもの。最近は「食べログ」「ぐるなび」などのサイトで情報収集ができるようになったとはいえ、実際に自分が体験してみなければわからないことがあります。

・本当に料理やお酒はおいしいのか？
・お店の雰囲気は落ち着いているか？
・半個室とあるが、どれくらい隔離されているのか？
・個室があると書いてあるが、居心地はどうか？
・スタッフのサービスや態度はよいか？

これらは飲み会の結果を左右する要素ですが、細かいことまでネットやSNSで

調べるには限界があります。

しかも、ぶっつけ本番で飲み会に臨むと、想定外のことが起きたり、その対応に気をとられたりします。たとえば、半個室を予約したのに、隣の席の声が丸聞こえで、大声で会話をしなければならなかったら、せっかく用意した「台本」を演じるどころではないし、それどころか相手の気分を害してしまうかもしれません。

一度も行ったことのないお店を選ぶのは、リスクが高すぎるのです。

■ ホームグラウンドで戦いを有利に進める

原則は、自分で行ったことのあるお店、できれば「行きつけ」のお店を選ぶことです。勝手知ったるお店であれば、少なくとも先のような失敗を防ぐことができます。むしろ、行きつけのお店だとメリットがたくさんあります。

1つめは、どのメニューが名物かわかること。実際に食べたことがあれば、何を頼めば喜ばれるかわかりますし、そのお店の名物料理について、相手の関心を引くようなうんちくも披露できます。

2つめは、お客様に特別感を与えられること。たとえば、お店に到着すると、「戸賀さん、いつもありがとう。今日は、○○社の方とご一緒ですよね」「そうなんです。今日もよろしくお願いしますね」といったお店の主人と私のやりとりがあったとします。クライアントの情報をお店の人と共有しておくと、お客様は「自分たちが来店することをお店が知っていたこと」や「行きつけのお店に連れてきてもらったこと」に対して、特別扱いされていると感じるでしょう。

3つめは、多少の融通が利くこと。本当の常連になれば、「メニューにない特別料理を出してもらえる」「いちばんいい席を用意してもらえる」「お客様が好きな銘柄のお酒を持ち込める」など、お客様をもてなすための選択肢が増えます。

ただ、まだ行きつけのお店がない人もいますよね。その場合は、「飲み会の前に下見に行く」「先輩や上司などがいつも使っているお店を教えてもらう」などの方法で、少しずつ行きつけを増やしていきましょう。ぶっつけ本番だけは厳禁です。

✗ NG 下見をせずに店を選ぶ

Rule 45

行きつけは「最低5軒」つくれ！

会食の本質　会話の台本　極秘気くばり　終わり方　**店選び**　社内飲み　ゴルフ&ジム

NG 毎回違う店を利用する

ビジネスで使える行きつけのお店がたくさんあるほど、お客様に合わせたお店を選択できます。3章で「相手の『自宅沿線の店』を選ぶ」という話をしましたが、行きつけのお店が多いほど、相手のことを考えたお店選びが可能です。

私の場合、「正真正銘の行きつけ」といえるお店は、15店舗くらいです。10店舗以上あれば、さまざまなニーズや状況に対応することができます。

理想をいえば、和食、フレンチ、イタリアン、中華など、行きつけのお店のジャンルがバラエティーに富んでいると完璧です。

ただ、多少の融通が利くような行きつけにするには、当然、何度も通う必要があります。現時点で行きつけと呼べるようなお店がないなら、まずは5軒を目標にしてみましょう。5軒もあれば、お店選びでほかの人にグンと差をつけられます。

行きつけのお店を増やしたいなら、普段の飲み会などで積極的に幹事を引き受けるのも「あり」です。お店を選ぶ目が養われ、行きつけ候補も見つかります。

5章 「店選び」で人との距離をコントロールせよ！

Rule 46

「ジャンル＋店名＋場所」でスマホに登録せよ！

会食の本質　会話の台本　極秘気くばり　終わり方　**店選び**　社内飲み　ゴルフ&ジム

お店選びは、選択肢がたくさんあるほど楽になります。私は行きつけのお店以外にも、ビジネスで活用できるお店はスマホの中にすべてストックしています。山手線のすべての駅に1店以上、会食に使えるお店が登録されています。お店を選ぶ必要があるときは、移動中などのすきま時間を使って検索すれば、数分で適当なお店をいくつかピックアップできます。

また、大量にデータがたまっても検索しやすいように、スマホの電話帳やマップには、次のルールでお店を登録しています。

「料理のジャンル＋店名＋場所」

「焼き鳥　○○屋　恵比寿」「イタリアン　△△店　新宿」といった具合です。店名だけだと忘れてしまうので、ジャンルと場所も一緒に登録しておくのがコツです。

飲み会に使えそうなお店は、普段からこまめにスマホに登録するようにしておくと、だんだんとお店選びが楽になります。

NG その都度、ネット検索をして店を探す

Rule 47

5回に1回は「煙（けむ）い店」を選べ！

会食の本質　会話の台本　極秘気くばり　終わり方　**店選び**　社内飲み　ゴルフ&ジム

❌ NG 安い店、庶民派の店は失礼だと思い込む

飲み会で、同じ仕事相手に対して毎回のように仕事の関係の相談や提案をしていたら、相手に「また仕事の話か……疲れるな」と思わせてしまいます。5回のうち1回くらいは、仕事の話をリフレッシュさせる会をセッティングしましょう。

私がよく使うのは、お好み焼き屋。高級店ではなく、庶民的で、煙がもくもくと立ちのぼっているような気軽なお店です。

日本でも海外でも経営者やセレブは大事な人を自宅に招いてもてなします。一般の人にはハードルが高いでしょうが、お好み焼き屋だと自宅に招いたかのようなアットホーム感を演出でき、落としたい相手との距離も縮まります。

目の前の鉄板でお好み焼きをこしらえる姿を見せれば、マメさや芸の細かさをPRでき、「この人は仕事でもマメなんだ」という印象につながります。多少失敗しても味はそれほど変わらないし、かえって一生懸命に焼く姿はプラスになります。

ただ、「煙いお店なのでいい服は着てこないで」と事前に伝えておくことを忘れずに。

Rule 48

同じ店には二度と連れていくな！

NG 同じ店でしか飲み会を開催しない

「飲み会を開催するときは、いつも同じお店」という人もいるかもしれません。行きつけのお店であれば、失敗はありませんし、平常心で飲み会に集中することができます。ホームグラウンドを持つことのメリットは大きいですが、一方で、同じ相手を何度も同じお店に招くのはよくありません。

相手からすれば、「手を抜いている」「あまり重要視されていない」という印象になりかねませんし、やはり「ぜひ〇〇さんをお連れしたいお店があるんです」と、毎回マメにお店を選んでくれるほうがうれしいですよね。

お店選びで楽をしたり、マメでなかったりする人は、仕事においても「手抜きをする」「マメではない」というイメージに直結しかねません。

しかし、飲み会に誘われる立場であれば、逆に「この間のお店はよかったので、また連れていってください」と提案してあげる気遣いは効果的です。誘う人にとってはお店を探す手間が省けますから、感謝してくれるはずです。

Rule 49

飲み会が苦手な人には「ランチ接待」

NG お客様を夜の飲み会に無理やり誘う

なかには、「夜の飲み会は好きではない」というお客様もいるでしょう。「お酒が苦手」「夜の時間はプライベートに充てたい」という人もいますし、「子どもがいるので夜遅く帰れない」というケースもあります。

その場合は、お昼の時間に行う「ランチ接待」がおすすめです。

ランチであれば、時間が限られているので、長くても2時間程度で終わります。

そのあと仕事に戻れるので、時間を有効に使えます。

また、お酒を飲むかどうかは相手しだいですが、飲んだとしても、予算的にはリーズナブルです。高いお店を選んでも、1人5000円以内に収まるでしょう。

ただし、お店選びは慎重に行いましょう。カジュアルなレストランや個室のないお店では落ち着きませんし、まわりに聞かれてはまずいビジネスの話もゆっくりできません。私がランチでよく使うのは、個室や座敷がある和食割烹。高級店であっても昼はリーズナブルですし、落ち着いて会話もできます。

167　5章 「店選び」で人との距離をコントロールせよ！

Rule 50

イタリア人には、あえてのイタリアン

会食の本質　会話の台本　極秘気くばり　終わり方　**店選び**　社内飲み　ゴルフ&ジム

外国人を飲み会に招くとき、いちばん注意を払わなければならないのは、「苦手な食材がないかどうか」です。

「せっかく日本に来たなら、ぜひ新鮮な魚を食べてほしい」と寿司屋を予約しても、「生ものはまったくダメ」という外国人も少なくありません。

お店を選ぶ前に、「お刺身は食べられますか?」などと苦手な食べ物を直接聞いておいたほうが無難でしょう。

外国人を連れていくなら、やはり和食のお店が王道です。

ただし、その場合は、出される料理に関するうんちくや日本の食文化について、相手に説明できるように準備しておくことが大切です。

日本人が海外に行くと、その国の文化や風習に興味を持つように、海外からやってきた人は、日本文化に興味津々です。

「この赤いご飯は、赤飯(セキハン)といいます。日本では古代から赤い色には邪気を祓(はら)う力があるとされていて、お祝いごとのあるときに出される、めでたい食べ

物なんです」

「和食には強い美意識があって、美しく食べることが求められます。『迷い箸』(箸を持ったまま食べ物の上をあちこちと動かすこと)、『刺し箸』(食べ物に箸を突き刺して食べること)など箸のタブーは数十個あるんです。実は、日本人の私でも無意識にやってしまいがちなんですけどね」

このように和食や日本文化について説明してあげると、外国人は関心を持って聞いてくれます。

しかし、日本人であっても、意外と日本の文化のことは知らないものです。外国人が興味を持ちそうな文化については、簡単に説明できるように、日頃から関心を持って調べておくといいでしょう。

■ **和食にこだわりすぎる必要はない**

和食以外なら、あえて、相手の出身国の料理を選ぶのも一興です。イタリア人ならイタリアン、フランス人ならフレンチのお店に連れていく。

私の経験上、イタリアンにしてもフレンチにしても日本のレストランの質は高いので、「こんなにおいしいとは!」とびっくりしてもらえます。

ただし、その場合は、あえてイタリアンを選んだ理由を説明しましょう。「本場ナポリでも食べられないようなおいしいパスタを出してくれるんです」「日本の新鮮なシーフードがたっぷり載ったピザが名物なんです」といったストーリーを伝えておかないと、「なぜイタリアンなのか?」と疑問に思われてしまいます。

なお、外国人が必ず喜んでくれる鉄板コースは、東京であれば、築地場外市場を見学してから寿司を食べるというプラン。マグロなどの魚が並んでいる光景や、熱気あふれる市場の雰囲気は外国人の心をつかむようです。

✕ NG
外国人が相手のとき、和食を予約して安心する

Rule 51

2次会はフルーツカクテルのある店を選べ！

自分が飲み会をセッティングする場合は、お店を選ぶ段階で2次会があることを想定しておかなければなりません。

こちらが「今日は、2次会はないだろう」と思っていても、相手が「もう1軒どうですか?」と言ってきたら、2次会の会場を探さざるを得ません。

その周辺に土地勘がなければ、お店を探してさまよい歩く「2次会難民」になりかねません。

1次会のお店の予約をしたら、あわせて2次会の会場も探しておきましょう。予約までしなくてもいいでしょうが、目星をつけておくだけでも、いざというとき慌てずに済みます。

■ **しっとりムードのバーは避けるべき**

2次会のお店は、バーなどお酒を中心に出してくれるお店が無難ですが、いちばんのおすすめは、搾りたてのフルーツを使ったカクテルを出してくれるお店。

私がよく使っているバーでは、7種類くらいのフルーツがお盆にディスプレイさ

れていて、その中から好みのフルーツをベースにしたカクテルをつくってくれます。

全然飲み足りないという場合は別ですが、「あと1、2杯くらい飲みたい」というケースには、フルーツベースのカクテルはデザート感覚で飲むことができ、2次会に適しています。

フレッシュフルーツを使ったカクテルは、特に女性に好評で、「パイナップルは酵素が豊富に含まれていて美容に効果があるんですよ」といったフルーツに関するうんちくを少し語れれば、さらに喜んでもらえます。

なお、2次会でバーを選ぶときには、しっとりとしたムードの静かなお店は避けたほうが無難です。2次会に行く頃には、お酒の効果でほろ酔い気分になっていて、ワイワイと楽しい雰囲気になることが多いので、ひそひそ声で話さなければならないようなバーだと盛り下がってしまいます。

✗ NG 「今日は、2次会はない」と思い込んでいる

Column 3
なんだかんだ言って、箸で食べる店が落ち着く

とある高級中華料理店でのこと。そのお店は少し変わっていて、中華なのにナイフとフォークで食べるのが基本形です。料理はおいしいし、ナイフとフォークでいただく中華料理もオツで、相手も喜んでくれました。

ところが、コースの中盤で、箸を使って食べる料理が出てくると、私も含めて参加者全員が箸を使い続けて、それ以降の料理はナイフとフォークを使わなくなりました。ナイフとフォークで食べる中華もいいけれど、やはり日本人は使い慣れた箸のほうがリラックスして食事を楽しめるようです。

接待となると、ナイフとフォークでいただくフレンチやイタリアンを選択

することもあるでしょうが、落ち着いて話をしたければ、箸で食べる和食が無難。ナイフとフォークを使うというだけで、少しかしこまった雰囲気になってしまいがちです。特にナイフとフォークを使うようなお店に慣れていない人は、和食のほうが余計なことに気を遣わなくて済みます。

そういう意味でも、先でおすすめした和食割烹などは最適です。

反対に、外国人を招く場合は、箸を無理強いしないという心遣いも必要。相手が外国人だからこそ日本文化に触れてほしいという気持ちはわかりますが、外国人にとって使い慣れていない箸で料理を食べるのは苦痛であるケースも。結果的に食事を楽しんでもらえなければ、逆効果です。だから、私の場合、箸の使い方に苦戦しているようであれば、お店に頼んでスプーンやフォークを出してもらう。相手によっては、とても喜んでいただけます。

ただ、かしこまったお店では、スプーンやフォークを出してもらうのは気が引けるでしょうから、そういう意味でも気軽に無理を頼めるような行きつけのお店を持っておくと重宝します。

176

Chapter 6

「社内飲み」にこそ戦略を持て!

社内編

Rule 52

結果を出すために上司を飲みに誘え！

最近では、以前と比べて社内の飲みニケーションが減ったと言われています。

もちろん、誰かの悪口や仕事の愚痴を言い合うような飲み会や、上司が部下に説教するのが目的の飲み会はムダです。

しかし、「社内飲みはすべてムダ」と決めつけるのは、ちょっと待ってください。できる人は、実は社内飲みを積極的に活用しているのです。

戦略的に社内飲みをすれば、仕事の結果につながります。

私の場合、勤めていた会社の社長と2〜3か月に1回くらいのペースで飲みに行ったり、ゴルフに出かけたりしていました。社長から誘ってくる場合もありますが、私から社長に「今度いかがですか?」と声をかけることもありました。

一緒にお酒を飲めば、上司が考えていることや、自分に対して期待や心配していることもわかります。逆に、こちらが普段考えていることや、相談したいことも気軽に話すことができます。会議室では言えない本音もぶつけ合えるでしょう。

こうした機会があると、仕事で結果を出しやすくなります。

179 6章 「社内飲み」にこそ戦略を持て!

たとえば、社内で企画を通すための会議は、せいぜい1時間ほどです。プレゼンが得意なほうである私でも、1時間という限られた時間で、その魅力をすべて伝えきり、社長をはじめ決裁者の心をがっちりとつかむことは簡単ではありません。

それに比べて、一緒に飲み会に行けば2〜3時間もの間、一緒に過ごすことになります。そこで、企画書やプレゼンでは伝えきれない行間を補足したり、その企画にかける熱意などを伝えたりすることができます。

反対に、上司が期待している内容や疑問に思っていることを飲み会の席で把握し、それをプレゼンの場でうまくカバーすることも可能です。

20％の社内飲みをうまく活用することによって、80％の企画（仕事の中身）の透明度を高められるのです。

■「部下に頼られたくない」という上司はいない

「戦略的に上司と飲みに行く」という考え方は大切です。

上司が誘ってくれないなら、自分から声をかけてもいいでしょう。一般社員が社

長を誘うことは現実的ではありませんが、直属の上司であれば誘いやすいはずです。

「悩んでいるので、飲みに行きませんか?」だと、「こいつ、会社辞めるのかな」と思われてしまいますが、次のように前向きで具体的な相談があるとわかっていれば、上司も時間をつくってくれるでしょう。

「今度、大きなプロジェクトを控えているので、ご相談させていただけますか?」
「来月、お客様と飲みに行く予定なのですが、今後の流れについてお知恵を拝借できませんか?」

そもそも部下に頼られてイヤな気持ちになる上司はめったにいません。

ただし、「今日どうですか?」というような急な誘いはNG。たいていの上司は多忙ですし、自分勝手なやつだと思われてしまいます。

✕ NG 「上司と飲みに行くのはムダだ」と決めつけている

Rule 53

忙しい上司は「ランチ」に誘え！

前項で「上司を飲みに誘え!」と提案しましたが、現実的には「いきなり上司を飲みに誘うのはハードルが高い」というケースもあるでしょう。また、上司が忙しくしている場合は気軽に誘いづらいという問題もあります。

このようなケースでは、ランチタイムを有効活用する手もあります。ランチであれば部下からでも誘いやすいですし、どんなに忙しい上司でもお腹は空くはずです。

しかも、ランチは飲み会と違って、上司の負担が少ない。飲み会となると、まとまった時間を確保しなければならないのでスケジュール調整が大変ですが、ランチなら上司も気楽に応じることができます。「今日どうですか?」という急な誘いでも大丈夫なケースが多いでしょう。忙しい上司はランチに誘うのが賢いやり方です。どれだけ多忙でも、ランチくらいはとるでしょうから。

だからといって、「なんとなくお近づきになりたいから」という程度の理由で、部下から上司をランチに誘うのはマナー違反です。

逆の立場ならありかもしれませんが、部下が「なんとなく」の理由で上司の時間

を奪うのは失礼でしょう。ランチ代をたかられていると思われるのがオチ。「相談したいことがある」など、ランチに誘うための理由が必要です。

なお、ランチの場所は、きちんとした割烹料理店やレストランでなくてもかまいません。それこそ普段使っているような定食屋やラーメン屋、そば屋でも十分です。

■ 相談内容は店に到着するまでに伝える

お客様との飲み会に臨むときと同様に、上司とランチに行くときも、ちょっとした「台本」を頭の中で用意しておくことが大切です。

具体的には、どのお店で食べるか、どのタイミングで、どんな相談をするかといった流れをイメージしておくのです。

ランチの時間は限られているので、ご飯を食べ終わってから相談しては、時間切れになってしまうかもしれません。また、食事をしている最中は、会話に集中できない可能性があります。

したがって、相談するほうは、お店に到着するまでの道中で、相談内容を上司に

伝えてしまうのが賢明です。

むしろお店に着いてから食事が終わるまでは、世間話など気楽に話せるテーマのほうがリラックスして食事も楽しめます。また、上司は食べている最中に相談に対する答えを整理することもできます。上司の立場も考えてあげるべきです。

そして、食後やコーヒーを飲みながらなど、落ち着いて会話ができる状態になってから、具体的に相談内容についてじっくり話し合うのです。

相談するほうは、早く答えをもらいたいと焦ってしまうかもしれませんが、上司の立場になって、ランチタイムの流れを考えてあげる気くばりも必要です。

なお、多くの場合、ランチ代は上司が払ってくれるでしょうが、相談に乗ってもらうために上司の時間をいただくのですから、「ランチ代は自分がもつ」という姿勢を部下が見せることは大切だと思います。

NG ランチタイムを腹を満たすためだけに使う

Rule 54

「おバカな会話」が仕事の効率を高める

あなたが上司の立場であるなら、仕事の話は抜きで、部下たちと単に楽しく飲むような機会をつくってみてはいかがでしょうか。

『MEN'S CLUB』の編集部では、打ち上げなどを兼ねて、定期的に私のポケットマネーで「部会」という名の社内飲み会を開催していました。現在でも、スタッフとのガス抜き的な飲み会は、定期的に行っています。

この飲み会では、会話の95％は仕事以外のおバカな話。過去の笑える失敗談もあれば、下ネタもある。仕事がらみの会話はほとんどしません。

私は、意識的に仕事の話をしないようにしています。なぜなら、この飲み会の目的は、仕事の効率を上げるためだからです。仕事の効率を上げるために仕事の話をしない――。矛盾しているように感じるかもしれませんが、仕事の話抜きで楽しくお酒を酌み交わすことが、仕事の結果にもつながっているのです。

最近は、どこの職場もそうかもしれませんが、メールやチャットによるコミュニケーションの比重が増え、面と向かってコミュニケーションをする機会が減ってき

会食の本質　会話の台本　極秘気くばり　終わり方　店選び　社内飲み　ゴルフ&ジム

ているように感じます。直接、隣に座っている人に聞けばいいようなことも、メールやチャットを通じて聞くという事例もよく聞きます。

たしかにメールやチャットは仕事の効率を高める側面はありますが、やはりバランスが大事。面と向かったリアルのコミュニケーションが少なくなることは、かえってチームとしての仕事の効率を落とす結果となります。

■ 社内飲みを通じてお互いを理解する

たとえば、企画会議で私が部下の提案した企画に対して「この企画、全然ダメ。やり直し」と言ったとします。もし普段から会話をする機会が少なくて、お互いに人間関係があまり構築できていなければ、ダメ出しをされた部下はズコーンと落ち込み、その企画をあきらめてしまうかもしれません。

しかし、普段からコミュニケーションがとれていれば、めげるどころか「戸賀さんは全然わかっていない!」とばかりに、企画を磨いて再チャレンジしてくる可能性があります。そもそも、私が何を考え、どんな価値観を持っているのかを理解し

188

てくれていれば、一瞬でダメ出しされるような企画は提案しないはずです。

逆に、私の立場からいっても、部下がどんなタイプで、どんなことを考えているかを理解できていれば、その部下のアイデアを引き出せるようなヒントや物言いができるかもしれません。

何度も繰り返しますが、こうした80％の企画書にあらわれない行間部分は、20％のコミュニケーションを通じて透明度を高める必要があります。その絶好の機会のひとつが、社内飲み会でおバカな話をすることなのです。

お互いのことを理解していれば、面と向かって言いたいことも伝えられますし、チームとしての機能も高まっていきます。

一見、仕事に直接関係のない会話を重ねることによって、実は仕事の効率は向上し、結果的にハイパフォーマンスにつながるのです。

NG メールやチャットでばかり「報告・連絡・相談」をする

Rule 55

社内飲みの5%は真面目モード

前項で「社内飲みでは仕事抜きの会話が95％」という話をしましたが、編集部の部会では、残りの5％は真面目に仕事の話をしていました。といっても、「この間の誌面はどうだ」といった会議室ですべき話の話ではありません。

私が毎回必ずやっていたのは、部員一人ひとりにみんなの前でテーマを持って話をさせることです。たとえば、年初であれば今年の抱負、年末であれば今年の反省点などを発表してもらいます。

私たちのような編集の仕事は特にそうですが、大勢の人の前でトークをする機会は、意外と多くありません。だから、お客様へのプレゼンや接待の席など、いざという場面でガチガチに緊張して、うまく自分を表現できないことがあるのです。

社内飲みは、相手に自分のことを伝える訓練の場。だから、「何が言いたいのかわからない」「声が小さくて聞こえない」といった厳しいツッコミも入れます。このように場数を踏むことによって、人前で話すことが苦ではなくなっていくのです。

✗ NG 最初から最後までおバカな会話を続ける

Rule 56

社内飲みこそ遅刻厳禁!

会食の本質　会話の台本　極秘気くばり　終わり方　店選び　**社内飲み**　ゴルフ&ジム

内の飲み会だと、必ず遅れてやってくる人がいます。

遅刻した人は必ず「仕事が押してしまって……」と言い訳しますが、ここまで再三お話ししてきたように、飲み会も立派な仕事であり、結果につなげるためのプロセスです。

当然、社内飲みであっても、緊急事態などよほどの事情がない限り、遅刻することは許されません。あくまで社内飲みは、仕事の質や効率を上げる目的で開いているのですから。

「社内飲みも仕事」と強く意識しなければなりません。

■ 結果を出す人は基本ルールを守る

社内飲みに遅刻してくる人は、総じて仕事に対する意識が低く、時間管理がルーズなので、お客様との飲み会でも遅刻しがちです。

完全にプライベートの飲み会であれば、多少の遅刻は大目に見てもらえるかもしれません。しかし、相手を接待する場に遅刻してくれば、それだけで信用を失います。

いくら素晴らしい台本があっても、挽回するのは容易ではありません。「一事が万事」と言いますが、社内の飲み会に遅刻する人は、あらゆる仕事においてルーズで、どこか抜けています。接待前のリハーサルでも手を抜いたり、伝えなければならないことを忘れてしまったり……。

一方で、結果を出す人は、どんなに忙しくても社内飲みに時間通りに参加します。これまで社内外でたくさんの優秀なビジネスパーソンを見てきましたが、結果を出す人ほど、時間を守り、基本的なビジネスのルールを大事にしているのです。

✕ NG
「社内飲みは仕事ではない」と思っている

Column 4 社内飲みを「アメ」として活用せよ！

最近では、上司が部下を飲みに誘っただけでも「パワハラ」と言われてしまう風潮があります。

もちろん、お酒が飲めない部下に無理やりお酒を飲ませたり、上司の小言や愚痴を延々と聞かせたり、2次会、3次会と深夜まで部下を連れまわしたりしていたら、それはパワハラと非難されてもしかたありません。

しかし、節度のある飲み会は、コミュニケーションを深める場として、必要不可欠だと私は信じています。古い人間だと思われるかもしれませんが、これだけは断言できます。お互いにメールや会議の席では見せない顔や考え

方をオープンにすることで、絆は強くなり、チームワークも生まれるのです。

私の場合、編集部の部会のほかに、個別に部下や営業担当を社内飲みに誘うことがありました。「最近うまくいっていないな」というときや「厳しく言いすぎたな」というとき、反対に仕事で成果を出してくれたときなどに、飲みに連れ出すのです。

こうした飲み会では、説教したり、ぐちぐちと小言を言ったりはしません。基本的に部会と同じく、仕事の話はできるだけ少なくして、楽しく飲むことに徹する。仕事をうまくやってくれたら、「キミのおかげだ」と手柄を手放しで褒めてあげる。

ベタなやり方かもしれませんが、アメとムチを使い分けている。つまり、飲み会をフォローの場として活用しているのです。

効率が重視されている今だからこそ、このようなアナログなやり方が効果を発揮することもあります。

「そうはいっても、お酒は誘いづらい……」という場合もあるでしょう。飲み会を活用できない環境であれば、就業時間内に部下とコミュニケーションする時間をとらなければなりません。通常なら1時間かけているやりとりに1時間半かける、といった工夫が必要になります。効率ばかりを追い求めると、結果を生むチームにはなりません。

Chapter 7

[番外編]

「ゴルフ」「ジム」を
ビジネスチャンスに変えろ！

Rule 57

結果を出す人は「ゴルフ」をする

会食の本質　会話の台本　極秘気くばり　終わり方　店選び　社内飲み　**ゴルフ&ジム**

NG 「ゴルフは遊びだ」と決めつけている

こ こまで「飲み会を通じて、いかにビジネスの結果を出すか」についてお伝えしてきましたが、飲み会と同じような効果が期待できる絶好の機会があります。それは、ゴルフです。

私がゴルフを本格的に始めたのは30年ほど前。ファッション業界にはゴルフが好きな人が多く、クライアントとのお付き合いでプレーしたのがきっかけです。正直に言うと、最初は好きで始めたわけではなかったのですが、しばらくゴルフを続けていて、ある事実に気づいたのです。

ゴルフは飲み会の延長線だ、と。

相手と長時間一緒にコースをまわっていれば、相手の人柄もよくわかりますし、自分がどんな人であるかも伝えられます。自然と打ち解けて人間関係は深まります。

つまり、飲み会と同様、80％の仕事の中身の透明度を上げることが可能なのです。結果を出す人は、ゴルフを「仕事の結果につなげるプロセス」ととらえています。

Rule 58

「ゴルフ」は飲み会よりコスパが高い！

会食の本質　会話の台本　極秘気くばり　終わり方　店選び　社内飲み　**ゴルフ&ジム**

私は、年間80回ほどゴルフコースでプレーしていますが、そのうち約7割はクライアントなどと一緒です。

つまり、ほとんどが仕事の一環なので、休日だけでなく平日もゴルフに出かけることがあります。

「それは戸賀の立場だからできるんだ」という意見もあるかもしれません。たしかに、「編集長だから」という職業的な特性もありますし、ゴルフは時間的にも金銭的にも飲み会に比べて一気にハードルが高くなります。

しかし、想像以上に「ゴルフはコストパフォーマンスが高い」のも事実。ゴルフコースをまわれば、ランチを挟んで丸1日、相手と行動をともにすることになります。プレータイムは約5時間、ランチを入れれば6時間にもなります。また、車で相手を送迎すれば往復2時間、計8時間も一緒です。

「ゴルフはお金持ちがやるスポーツ」というイメージがあるかもしれません。たしかに気軽には始められませんが、とてつもなくハードルが高いわけでもない。

会食の本質　会話の台本　極秘気くばり　終わり方　店選び　社内飲み　ゴルフ&ジム

実際、平日であれば、プレー料金も意外と安く抑えられます。1人あたり2、3万円くらいで、いいコースで1日プレーできます（仕事の付き合いの一環としてゴルフをするクライアントも多いので、実際に平日にプレーすることも少なくありません）。

それに比べて飲み会は、せいぜい2～3時間。ちょっと高級なお店を使えば1万円を超えることもあります。

「8時間で2、3万円」と「2～3時間で1万円」。両方とも仕事の結果につなげるプロセスと考えれば、長時間一緒にいられるゴルフのほうが、コストパフォーマンスは高いと言えないでしょうか。

■ ゴルフをする人のほとんどは「キーパーソン」

「ゴルフはお金持ちがやるスポーツ」というイメージを持っているなら、一度その考えを捨ててみることも大切です。

たしかに、ゴルフをやる人には、金銭的に余裕のある人が多いのですが、仕事で

❌NG 「ゴルフはお金持ちがやるもの」と決めつける

結果を出すための経費だと考えれば、決して高いとは思いません。会社や職業によっては実際に「経費」として認めてもらえるケースもあるでしょう。

一方で、ゴルフを趣味にしている人は、会社の幹部など決裁権を持つキーパーソンがほとんどと言えます。

飲み会に比べて、仕事で結果を出すためにゴルフをしている人は少数派です。

つまり、「チャンスは大きいのに、ライバルは少ない」のです。そういう意味では、ゴルフに付き合える人は、それだけで大きなアドバンテージを持っていると言っても過言ではありません。

Rule 59

ゴルフのスタイル
＝仕事のスタイル

会食の本質　会話の台本　極秘気くばり　終わり方　店選び　社内飲み　**ゴルフ&ジム**

長時間、ずっと自分を取り繕うことは簡単ではありません。いったんゴルフコースに出れば、約6時間は行動をともにするので、良くも悪くも相手の人柄や性格が垣間見えます。

たとえば、あるクライアントと初めて一緒にゴルフに行ったときのこと。そのクライアントのイメージは冷静沈着で、少し神経質。あまり冗談も通じないタイプのように見えて、私もしばらく距離を縮められずにいました。

ところが、そのクライアントが短い距離のパットを失敗したとき、「ウワーッ、やっちまった！」と大声を上げたかと思うと、そのままグリーン上に大の字になって寝転がったのです。まるで駄々をこねる子どものようでした。

グリーン上に寝る行為はマナー違反なのですが、その様子を見て私は、「人間らしい面もあって、愛すべき人だな」という感想を持ちました。

それ以降、私は気軽にそのクライアントに話しかけられるようになりました。しまいには冗談も言い合える関係になり、相手から「トガッチ」と呼ばれるまで打ち解けたのです。その日を境に、仕事でも本音をぶつけ合って、より質の高い仕事を

会食の本質　会話の台本　極秘気くばり　終わり方　店選び　社内飲み　ゴルフ&ジム

できるようになったのは言うまでもありません。

ゴルフのプレースタイルには、相手の人柄だけでなく、仕事のスタイルもあらわれます。

たとえば、せっかちで迷うことなくボールを打つ人は、仕事でもスピード感を重視する傾向があって、決断も早い。そういうタイプに対しては、仕事の完成度よりもスピードを優先したほうがうまくいくと察しがつきます。

また、正面に木があり、打ったボールが当たるおそれがあるときは、1打損してでも無理をせずにその木を避けて打つタイプの人もいます。安全策を好む人はビジネスでも慎重な面があるので、企画をプレゼンするときなどは、資料やデータを多くして丁寧に説明することが効果的でしょう。

このように、ゴルフのプレースタイルから相手の仕事のスタイルを知り、それに合わせた仕事のしかたをする。これも結果につなげるためには大切なことです。

■ あえてゴルフ場で本音を出してみる

また、ゴルフ場では「本音をポロッと出しやすい」というメリットもあります。

青空と緑に囲まれた環境では、自然と心もオープンになるのでしょう。

私は、勤めていた会社の社長と、ときどき一緒にゴルフに行くことがあったのですが、プレーの合間に、あえて普段の会議室では言いにくいことを切り出しました。

たとえば、「実は、人が足りなくて困っています。編集部員を1人採用したいのですが……」とジャブを打つ感覚でポロッと言ってみる。すると、社長が困った表情で「売上が10％伸びたらいいよ」と半分冗談の雰囲気で返してくるかもしれません。

もちろん、この件は後日、正式に会議の席で議論するのですが、事前にこのようなやりとりをしておくことによって、社長は面食らうことなく、私の話を聞いてくれるでしょう。また、私は社長の考えや感触をつかめていますし、社長は私が悩んでいる問題を把握できているので、その後の話し合いは生産的なものになるのです。

×NG
「会議室での人格がすべてだ」と思い込む

Rule 60

「ジム」で裸の付き合いをせよ！

ゴルフ&ジム

NG 筋肉をつけることに夢中になる

もうひとつ、飲み会と同じような効果を得られる場が存在します。

体を鍛えるための「ジム」です。

「服をかっこよく着こなすには、逆三角形の体型をキープすることが必要」という信念を持っていることもあり、私は週2〜3回ジムに通っています。

いつも行くジムには、たまたまクライアントの人も通っているのですが、仕事から離れた場で一緒に汗を流していると、やはりお互いの人柄を知ることができますし、関係も親密になっていきます。1章でも話しましたが、裸になってサウナで一緒に話をしていれば、グンと距離が縮まります。

また、私の経験から言えば、ジムで体を鍛えている人は、仕事に対する意識も高く、結果を出している人が多い。そのような人たちと、腹を割って交流することができれば、モチベーションも上がります。

仕事で結果を出すために、ジムも戦略的に活用してみてはいかがでしょうか。

おわりに

私が参加する飲み会のほとんどは、仕事で結果を出すことを前提としたものです。完全なプライベートで飲む機会は、1年間で数えるほどしかありません。「戸賀は飲み会が好きだから……」と思われているかもしれませんが、正直に告白すれば、しんどくなるときもあります。

それでも、私が飲み会や会食と真剣に向き合っているのは、編集長やブランドディレクターといった肩書があるから。この肩書があるからこそ、今の自分と飲み会や会食を開こうとしてくれる人がいることは理解していますし、それを売上に結びつけることは、私の使命だと考えています。

仕事の会食が増えれば増えるほど、当然、家族や親友などと食事をともにする機会は減ります。だからこそ身にしみて感じるのは、心を許せる相手との会食は、自分にとって癒しと元気をもらえる大切な場であるということ。

少々皮肉な結果かもしれませんが、仕事の飲み会が頻繁にあるからこそ、大切な人たちと過ごす時間のありがたみを実感しているのです。

みなさんに「私とすべて同じことをしてください」と言うつもりはありません。「そこまで仕事モードは疲れる」と思うのは当然です。

ただし、毎日のように仕事で会食を重ねてきた経験から、確実に言えることがあります。

「戦略的に飲み会をすれば、必ず仕事の結果につながる」ということです。

毎日のように飲み会をする必要はありません。しかし、「飲み会は結果を出すためのステップ」であることを意識しながら、これからの飲み会と向き合ってみてく

ださい。そうすれば、お店の選び方から、会話の内容、飲み会後の行動まで、これまでの飲み会とはすべて変わってくるはずです。その変化が仕事の結果に必ずつながります。

スケジュール帳を開いてみてください。次の飲み会はいつですか？ その飲み会で、まずはひとつでも本書に書かれていることを実践していただければ、とてもうれしいです。あなたの仕事の結果が変わることを祈って、乾杯！

戸賀敬城

本書は、KADOKAWAより刊行された『結果を出す男は「飲み会」で何をしているのか？』を、文庫収録にあたり改題したものです。

戸賀敬城（とが・ひろくに）編集者。オフィス戸賀代表。1967年東京生まれ。オンラインメディア『JPRIME』編集長、『B・R・ONLINE』顧問を務めるほか、様々なブランドのアンバサダーやコンサルタントとして活動する。2007年から10年ほど男性ファッション誌『MEN'S CLUB』編集長を務め、雑誌不況のなか売り上げをV字回復。定期購読者も約8000人と、他の雑誌ではあり得ない強固な会員組織を作り上げた。ビジネス／プライベートの様子を日々発信しているブログ「トガプロ」も人気。華やかなライフスタイルとキャラクターが注目を集め、月間平均100万PVを誇る。1年365日中、max364日は仕事の会食で予定が埋まっており、山手線の駅ひとつにつき1店、会食に使う店リストも。主な著書に、『結果を出す男はなぜ「服」にこだわるのか？』（集英社）など。

知的生きかた文庫

ビジネス会食の技術

著　者　戸賀敬城（とが・ひろくに）
発行者　押鐘太陽
発行所　株式会社三笠書房
〒102-0072 東京都千代田区飯田橋3-3-1
電話〇三-五二二六-五七三四〈営業部〉
　　〇三-五二二六-五七三一〈編集部〉
https://www.mikasashobo.co.jp

印刷　誠宏印刷
製本　若林製本工場

© Hirokuni Toga, Printed in Japan
ISBN978-4-8379-8895-3 C0130

* 本書のコピー、スキャン、デジタル化等の無断複製は著作権法上での例外を除き禁じられています。本書を代行業者等の第三者に依頼してスキャンやデジタル化することは、たとえ個人や家庭内での利用であっても著作権法上認められておりません。
* 落丁・乱丁本は当社営業部宛にお送りください。お取替えいたします。
* 定価・発行日はカバーに表示してあります。

知的生きかた文庫

マッキンゼーのエリートが大切にしている39の仕事の習慣
大嶋祥誉

「問題解決」「伝え方」「段取り」「感情コントロール」……世界最強のコンサルティングファームで実践されている、働き方の基本を厳選紹介！　テレワークにも対応!!

自分を劇的に成長させる！PDCAノート
岡村拓朗

「PDCA」は1冊のノートで誰でも回せる！「見える化・仕組み化・習慣化」の3つのルールで、仕事の質とスピードが高まり、成長速度もアップ。これなら回せる、人生が変わる！

なぜかミスをしない人の思考法
中尾政之

「まさか」や「うっかり」を事前に予防し、時にはミスを成功につなげるヒントとは――「失敗の予防学」の第一人者がこれまでの研究成果から明らかにする本。

外資系トップコンサルの「聞く」技術
清水久三子

仕事の成果は「聞き方」で決まる！「相手の斜め前に座る」「なぜ？ではなく…とおっしゃいますと？」「共感を呼ぶペーシング」他、一流コンサルならではの「聞き方」テクニック満載!!

頭のいい説明「すぐできる」コツ
鶴野充茂

「大きな情報→小さな情報の順で説明する」「事実＋意見を基本形にする」など、仕事で確実に迅速に「人を動かす話し方」を多数紹介。ビジネスマン必読の1冊！

C50496